Computer Bild

Prinz & Fickler

Effektiv arbeiten mit Word 2007

ULLSTEIN

Zu diesem Buch

Word hat Tradition. Seit 1990 gibt es bereits Microsofts führende Textverarbeitung für Windows, die von 1995 an Bestandteil der Büro-Software „Microsoft Office" wurde. Und Word hat von Anfang an Maßstäbe gesetzt: Das grafische Bedienkonzept und speziell die Menüstruktur wurden von fast allen Textverarbeitungsprogrammen übernommen, die unter Windows laufen. Hinzu kommt, dass jeder, der einen PC hat, auch eine Textverarbeitung benutzt. Und sei es nur, um geschäftlich oder privat Briefe zu schreiben – von allen sonstigen Möglichkeiten ganz abgesehen.

Mit Word 2007 hat Microsoft nun einen neuen und nochmals deutlich verbesserten Anwendungsstandard geschaffen. Die Zeit der einheitlichen Menüs und starren Symbolleisten ist vorüber. Aus der Menüzeile wurde eine „Multifunktionsleiste", über deren Registerreiter Sie zwischen verschiedenen Aufgaben wechseln können. Menüs öffnen sich künftig keine mehr – mit einer Ausnahme: Nach einem Klick auf das Office-Symbol in der linken oberen Fensterecke klappt eine Liste auf, die Befehle wie Öffnen, Speichern, Drucken und den Zugriff auf die Programmeinstellungen beinhaltet. Wer dies nicht weiß, sucht sonst anfänglich nach zentralen Befehlen, die früher in Menüs wie „Datei" oder „Extras" zu finden waren. Aber auch andere Funktionen, wie beispielsweise der Zugriff auf die Gestaltung der Dokumente, präsentieren sich in neuer Form. Das „Format"-Menü fehlt. Stattdessen erscheint oberhalb eines markierten Wortes automatisch eine eigene kleine Symbolleiste, über die sich die wichtigsten Zeichenformatierungen per Mausklick ausführen lassen.

Diese Umstellung zu handhaben erweist sich in der Praxis allerdings als recht unkompliziert. Denn Sie müssen nicht mehr länger groß überlegen, wo ein Befehl zu finden sein dürfte, sondern können gleich mit dem von Ihnen gewünschten nächsten Schritt fortfahren. Für Einsteiger erschließen sich dadurch viele Programmfunktionen rascher und einfacher als bei der herkömmlichen Struktur, bei der sich nützliche Befehle in den Tiefen der Menüs und Symbolleisten versteckten. Doch auch für Umsteiger ist es ein Leichtes, sich mit dem neuen Bedienkonzept vertraut zu machen und sich daran zu gewöhnen. Das vorliegende Buch bietet hierbei als Anleitung eine wertvolle Hilfe, wie immer bei COMPUTERBILD in der bewährten, leicht nachvollziehbaren Schritt-für-Schritt-Form.

1 Word 2007 im Überblick

Word 2007 wurde im Vergleich zu früheren Programmversionen von Grund auf überarbeitet. Wenn Sie schon mit früheren Versionen zu tun hatten, werden Sie dies gleich nach dem Programmstart feststellen. So verfügt Word nun über eine komplett geänderte Navigationsstruktur. Das zeigt sich beispielsweise darin, dass die klassischen Menü- und Symbolleisten zu einer Einheit verschmolzen sind, der sogenannten **Multifunktionsleiste**. Darüber hinaus finden Sie im Programmfenster ganz neue Elemente, etwa die „Symbolleiste für den Schnellzugriff".

Im ersten Kapitel dieses Buches erfahren Sie,
- welche Möglichkeiten Sie haben, Word zu starten,
- wo Sie Befehle und Funktionen finden,
- wie Sie Status- und Symbolleiste anpassen,
- wie Sie **Dokumente** speichern und wieder darauf zugreifen
- und wie Sie geöffnete Dokumente in den Vordergrund holen.

Kapitel-Wegweiser

Word starten

Word ist Bestandteil aller Microsoft-Office-Pakete, gleichzeitig aber auch als Einzelprodukt erhältlich. In vielen Fällen ist es sogar schon als „Dreingabe“ **installiert**, wenn Sie einen neuen Rechner kaufen. Von daher kann sich die folgende Schilderung, wie Sie Word starten, im Detail von der Vorgehensweise auf Ihrem Rechner unterscheiden. Beschrieben wird die gängigste Variante, nämlich dass Sie Word als Bestandteil eines Office-Pakets erworben haben. Vorausgesetzt wird ferner bei allen Abbildungen, dass Sie die neueste Version der Microsoft-**Betriebsprogramme**, also Windows Vista, installiert haben.

1 Klicken Sie als Erstes links unten auf Ihrem Bildschirm auf das Startsymbol ●

und danach im geöffneten Startmenü auf

.

2 Nach einem Mausklick in der aufklappenden Programmauflistung auf

öffnet sich die Liste der Office-Programme, aus der Sie ebenfalls per Klick den Eintrag ● wählen.

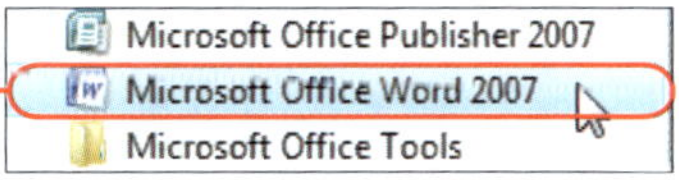

Word starten, ohne die Finger von der Tastatur zu nehmen

Windows Vista gibt Ihnen die Möglichkeit, Word zu starten, ohne zur Maus greifen zu müssen: Wenn Sie die [Windows]-Taste drücken, öffnet sich das Startmenü. Die **Einfügemarke** befindet sich bereits im Suchfeld: ●.

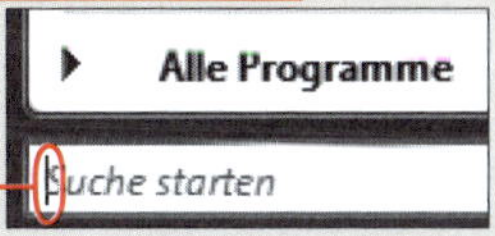

Tippen Sie nun einfach den Programmnamen ein.

Daraufhin werden oben im Startmenü Programme aufgelistet, die „Word“ im Programmnamen enthalten. Befindet sich der gewünschte Eintrag ●

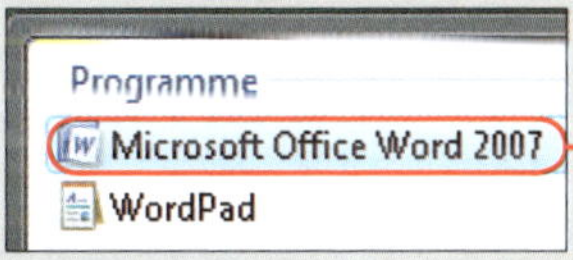

ganz oben, drücken Sie einfach die [↵]-Taste. Anschließend wird Word mit einem leeren Dokument gestartet.

Sollte der Eintrag „Microsoft Office Word 2007“ nicht ganz oben stehen, bewegen Sie die Markierung einfach mithilfe der [↓]-Taste nach unten und drücken dann erst die [↵]-Taste.

3 Schon startet Word 2007 mit einem leeren Dokument auf der Arbeitsfläche: ●.

Wie das Programmfenster im Einzelnen aufgebaut ist, erfahren Sie Schritt für Schritt im folgenden Abschnitt.

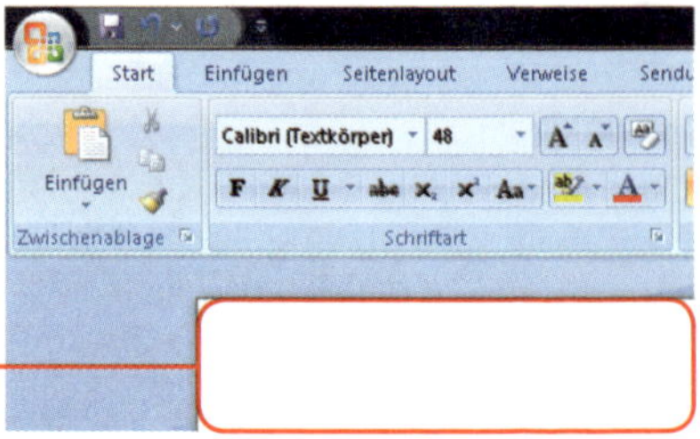

Das Programmfenster kennenlernen

Das Aussehen des Programmfensters hat sich gegenüber früheren Versionen deutlich verändert. Es haben aber nicht nur optische Änderungen stattgefunden, auch die Bedienung insgesamt unterscheidet sich grundlegend von früheren Versionen. Doch zunächst ein Überblick über den Aufbau.

1 Ganz links oben befindet sich das Symbol „Office“: ●.

Es ersetzt in etwa den früheren Menüpunkt „Datei“. Darüber können Sie beispielsweise die Befehle erreichen, mit denen Sie neue Dateien anlegen, Dokumente speichern oder auch drucken.

2 Rechts neben dem Symbol „Office“ schließt sich die „Symbolleiste für den Schnellzugriff“ an: ●.

Auf dieser Leiste sind besonders häufig benötigte Befehle zusammengefasst. Wie Sie die Symbolleiste für den Schnellzugriff so anpassen, dass darin auch die Funktionen auftauchen, die Sie persönlich besonders oft verwenden, erfahren Sie im Abschnitt ab Seite 16.

3 Wiederum rechts daneben befindet sich die Titelleiste. Dort sehen Sie den Namen des aktuell geöffneten Dokuments. Falls Sie einem Dokument noch keinen Namen gegeben haben, erscheint dort die allgemeine Bezeichnung ●.

4 In der äußersten Ecke rechts oben finden Sie wie gewohnt die Symbole, mit denen Sie das Programmfenster minimieren ●, in der Größe verändern ● oder schließen ●

können.

5 Der wichtigste Steuerungsbereich ist die sogenannte Multifunktionsleiste,

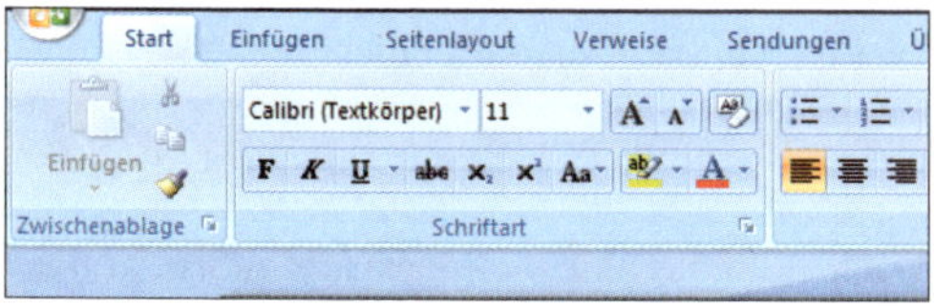

die sich zwischen Titelleiste und Arbeitsfläche befindet. Darüber erreichen Sie alle Befehle und Funktionen. Sie stellt eine Mischung der in früheren Programmversionen strikt getrennten Menü- und Symbolleiste dar. Wie Sie im Einzelnen über diese Leiste Befehle aufrufen, erfahren Sie im Lauf des Buches ausführlich. Zunächst genügt es zu wissen, dass die Multifunktionsleiste in Registerform aufgebaut ist. Je nachdem welcher Registerreiter

angeklickt wird, ist eine andere Befehlszusammenstellung zu sehen.

Register flott durchsuchen

Es gibt garantiert Befehle, bei denen Sie nicht ganz sicher sind, in welchem Register sie sich befinden. Um die einzelnen Register aufzuklappen, brauchen Sie aber zum Glück nicht nacheinander auf die verschiedenen Registerreiter zu klicken. Diese Mühe können Sie sich sparen, wenn Ihre Maus über ein Rad verfügt. Dann brauchen Sie nämlich nur den Mauszeiger über die Multifunktionsleiste zu führen und können dann durch Drehen an diesem Rad durch die Register „blättern“.

6 Am rechten Rand der Arbeitsfläche sehen Sie, wie bei Windows-Programmen üblich, die **Bildlaufleiste** ●. Mit einem Mausklick auf das kleine Symbol ●

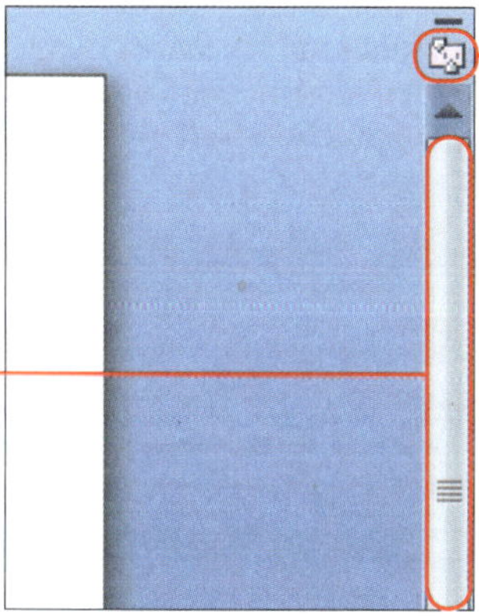

können Sie bei Bedarf ein Lineal ein- und auch wieder ausblenden.

7 Am unteren Rand bildet die Statusleiste den Abschluss. Dort sehen Sie unter anderem, auf welcher von wie vielen Seiten Ihres Dokuments sich die Einfügemarke gerade befindet, etwa ●,

und wie viele Wörter Sie in diesem Dokument bereits geschrieben haben, beispielsweise ●.

8 Das Symbol

zeigt an, dass die Rechtschreibprüfung einen Tipp- oder Rechtschreibfehler in Ihrem Text vermutet. Mehr zur Rechtschreibprüfung erfahren Sie im Kapitel 2.

9 Eines nur vorneweg: Achten Sie darauf, dass in der Statusleiste die richtige Sprache erscheint. Sollte hier ein anderer Eintrag als

stehen, klicken Sie darauf, markieren im daraufhin geöffneten Dialogfenster „Deutsch“ und klicken zur Bestätigung auf .

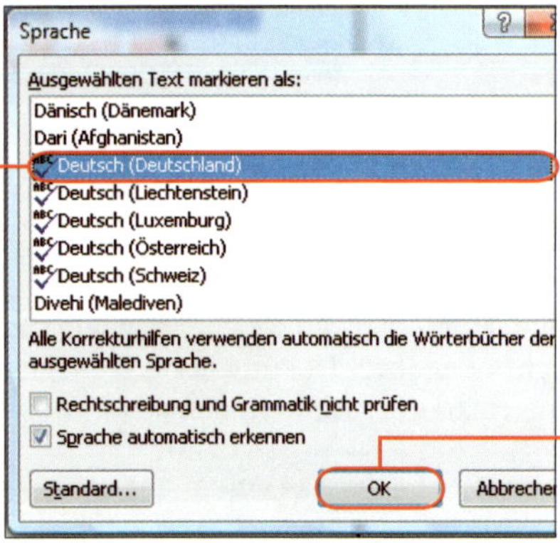

10 Sie können sich ein Dokument je nach Arbeitssituation auf verschiedene Weise anzeigen lassen. Behalten Sie zunächst die Voreinstellung ,

die sogenannte Layoutansicht, bei.

11 Zudem besteht die Möglichkeit, ein Dokument vergrößert oder verkleinert anzusehen. Klicken Sie dazu einfach auf den Schieberegler ,

halten Sie die Maustaste gedrückt, und führen Sie dann mit weiterhin gedrückter Maustaste eine Ziehbewegung nach links oder rechts aus. Die Zahl links neben dem Schieberegler steht für den Zoomfaktor.

! Statusleiste anpassen

Welche Informationen in der Statusleiste angezeigt werden, können Sie selbst entscheiden. Klicken Sie dazu einfach mit der rechten (!) Maustaste hinein, sodass sich ein Auswahlfenster öffnet. Die Informationen, die dort mit einem Haken versehen sind, erscheinen in der Statusleiste. Per Mausklick auf die jeweiligen Einträge können Sie solche Haken setzen oder auch, damit die Anzeige aus der Statusleiste verschwindet, wieder entfernen.

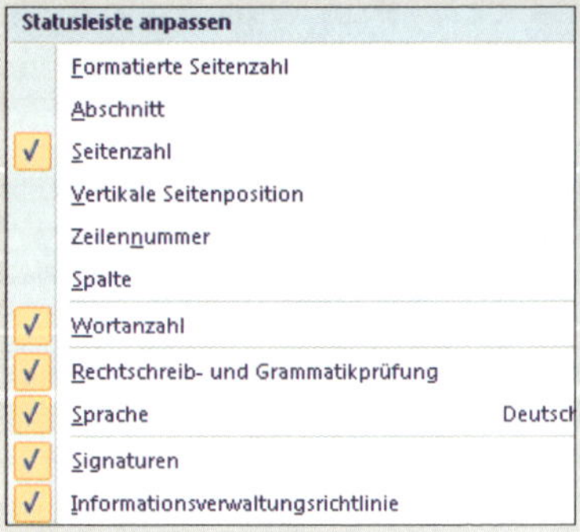

Dokumente speichern und öffnen

Einer der Vorteile einer Textverarbeitung gegenüber einer klassischen Schreibmaschine besteht darin, dass Sie Ihre Texte speichern können. Auf diese Weise lassen sich Ihre Briefe, Rechnungen oder sonstige Texte gleich archivieren, und Sie können jederzeit wieder darauf zugreifen.

1 Nach dem Start hat Word gleich ein neues leeres Dokument angelegt. Sie können also gleich loslegen. Tippen Sie einen beliebigen Text ein, beispielsweise das Wort ●, und klicken Sie dann auf das Symbol ●

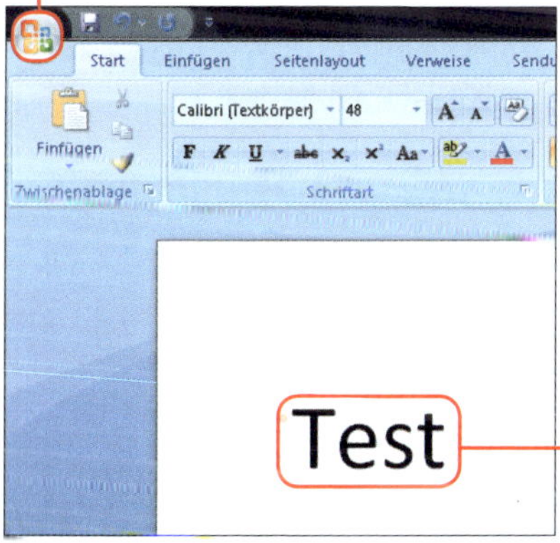

sowie in der daraufhin geöffneten Befehlsauswahl auf ●.

2 Es steht Ihnen natürlich völlig frei, wo Sie Ihr Dokument speichern. In der Praxis ist es jedoch sinnvoll, als Speicherort den Dokumente-**Ordner** zu verwenden. Achten Sie daher darauf, ob auch dieser Ordner vorgeschlagen wird wie in der Beispielabbildung: ●. Die Bezeichnung davor ●

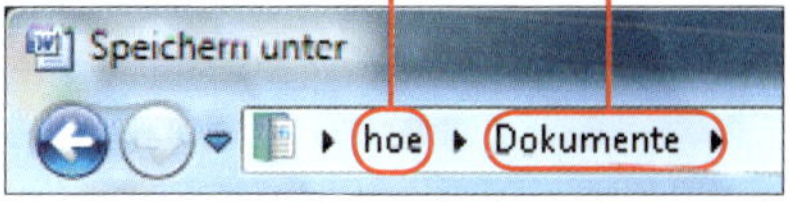

ist immer der Benutzername. Sollte bei Ihnen ein anderer Ordner vorgeschlagen werden, können Sie blitzschnell Ihren Dokumente-Ordner aufrufen. Klicken Sie einfach am linken Rand auf ●.

3 Anschließend tippen Sie einen Namen für das Dokument ein, etwa ●, lassen die Einstellung ●

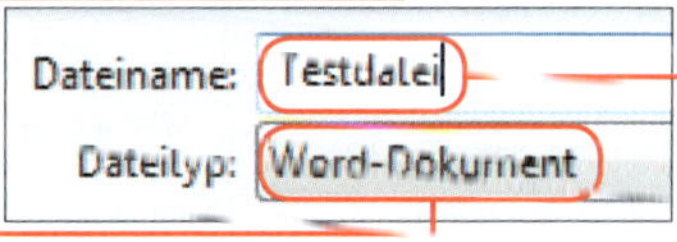

unverändert und klicken gleich auf die Schaltfläche

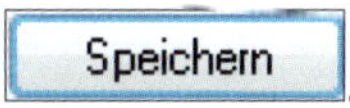

.

Ihr Dokument ist nach wie vor auf der Arbeitsfläche zu sehen. In der Titelleiste steht jetzt aber der soeben vergebene Name.

4 Wenn Sie jetzt an Ihrem Text weiterarbeiten und ihn dann sichern möchten, brauchen Sie nicht mehr den Weg über das Menü zu gehen. Stattdessen genügt in der Symbolleiste für den Schnellzugriff ein Klick auf das Diskettensymbol.

Gerade wenn Sie umfangreichere Texte schreiben, sollten Sie diese auf die gezeigte Weise regelmäßig in Sicherheit bringen.

5 Um ein Dokument zu schließen, klicken Sie auf das Schließkreuz rechts oben im Programmfenster.

Sollte das Dokument zu jenem Zeitpunkt noch gar nicht oder noch nicht komplett gespeichert sein, erscheint wieder ein Dialogfenster. Sie brauchen darin nur auf die Schaltfläche

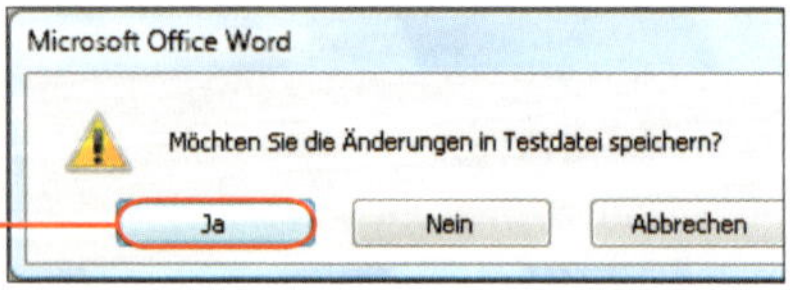

zu klicken.

! Programmfenster geöffnet lassen

Falls Sie beim Anklicken des Schließkreuzes nur ein einziges Dokument geöffnet haben, wird nicht nur das Dokument geschlossen, sondern gleichzeitig auch Word beendet. Wenn Sie das nicht möchten, also nach dem Schließen des Dokuments gleich weiterarbeiten wollen, klicken Sie statt auf das Schließkreuz auf

und anschließend auf

.

In dem Fall bleibt das Word-Programmfenster nämlich auf Ihrem Bildschirm, enthält allerdings kein geladenes Dokument mehr.

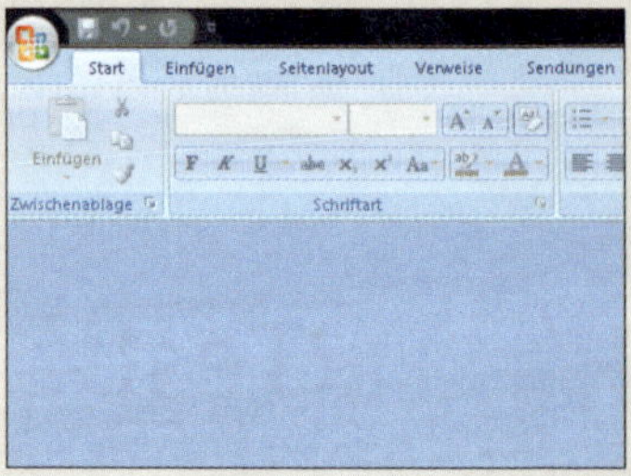

6 Damit Sie ein gespeichertes Dokument lesen oder daran weiterarbeiten können, klicken Sie einfach auf .

Die zuletzt bearbeiteten Dokumente werden daraufhin aufgelistet. Befindet sich das gesuchte Dokument darunter, brauchen Sie nur auf den entsprechenden Eintrag zu klicken.

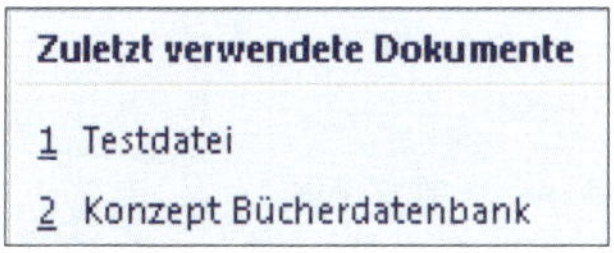

7 Sollte dies nicht der Fall sein, klicken Sie auf

,

begeben sich dann zum Speicherordner des Dokuments, beispielsweise ●,

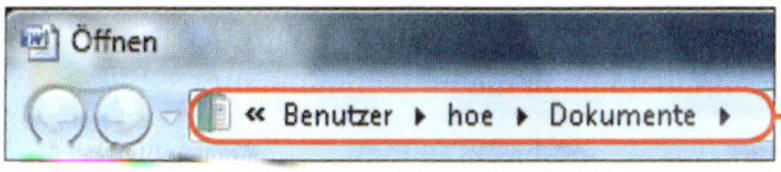

markieren das Dokument per Mausklick

und klicken dann auf

.

Schon wird das Dokument geladen, also im Programmfenster von Word angezeigt.

Dokumente platzsparend anzeigen lassen

Das Fenster, das Sie im Schritt 7 öffnen, wird als Explorer-Fenster bezeichnet. In einem solchen Fenster können Sie auf die verschiedenen Ordner und Dateien Ihres Rechners zugreifen. Um zu sehen, auf welche unterschiedliche Weise sich die Dateien anzeigen lassen, klicken Sie auf ●.

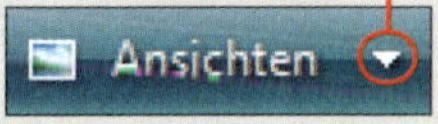

Wollen Sie nun statt der Symboldarstellung eine Ansicht wählen, die weniger Platz wegnimmt, klicken Sie zum Beispiel auf ●.

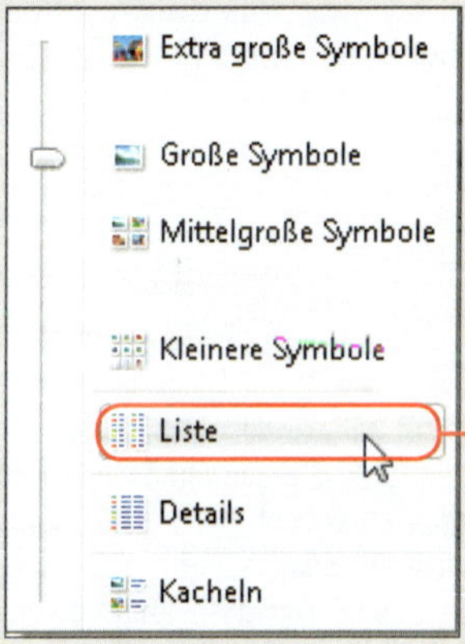

Die Dokumente erscheinen dann in Listenform und mit sehr viel kleineren Symbolen.

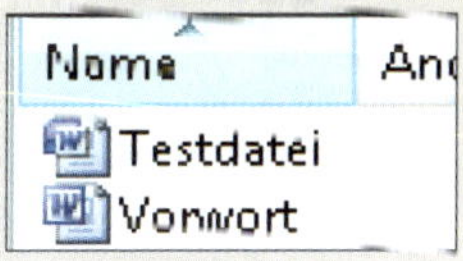

8 Jedes Mal, wenn Sie Word starten, wird automatisch ein neues leeres Dokument angelegt, und Sie können gleich lostippen.

Wenn Sie ein weiteres Dokument anlegen wollen, egal ob Sie das erste schon geschlossen haben oder nicht, gehen Sie so vor: Klicken Sie auf

und dann auf

.

9 Im Fenster, das anschließend erscheint, behalten Sie die **Markierungen** einfach bei. Das sieht dann folgendermaßen aus:

Was es mit den Vorlagen auf sich hat, die Ihnen in diesem Fenster ebenfalls angeboten werden, erfahren Sie ab Seite 63. Sobald Sie jetzt einfach auf

klicken, taucht ein neues leeres Dokument auf Ihrer Arbeitsfläche auf.

! Word gleich mit dem richtigen Dokument starten

Im Kasten auf Seite 7 wurde beschrieben, wie Sie Word mithilfe der Suchfunktion von Windows Vista bequem starten können. Diese Suchfunktion ermöglicht Ihnen auch, Word gleich mit dem Dokument zu öffnen, das Sie benötigen. Klicken Sie auf das Startsymbol,

und tippen Sie dann den Namen des Dokuments ein, etwa.

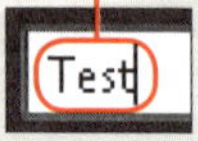

Oft, wie auch in diesem Beispiel, genügt schon die Eingabe eines Teils des Namens. In der Trefferliste brauchen Sie dann nur noch auf den zutreffenden Eintrag zu klicken.

Word wird daraufhin gestartet, und das gewünschte Dokument befindet sich gleich auf der Arbeitsfläche.

Zwischen Dokumenten wechseln

Mit Word können Sie mehrere Dokumente gleichzeitig geöffnet halten. Um zwischen den Dokumenten zu wechseln, haben Sie verschiedene Möglichkeiten.

1 Geöffnete Programme und Dokumente werden in der **Aufgabenleiste** angezeigt. Das etwas dunkler dargestellte Fenster ● befindet sich aktuell im Vordergrund. Um ein anderes Dokument in den Vordergrund zu holen, müssen Sie nur auf den entsprechenden Eintrag, etwa ●,

klicken.

2 Sollten Sie sehr viele Programme und Dokumente geöffnet haben, reicht der Platz auf der Aufgabenleiste nicht aus. Die Word-Dokumente werden dann alle in einem einzigen Eintrag zusammengefasst. Um eines der Dokumente in den Bildschirmvordergrund zu holen, klicken Sie auf den nach unten weisenden Pfeil ●

und danach in der aufklappenden Liste auf das gewünschte Dokument.

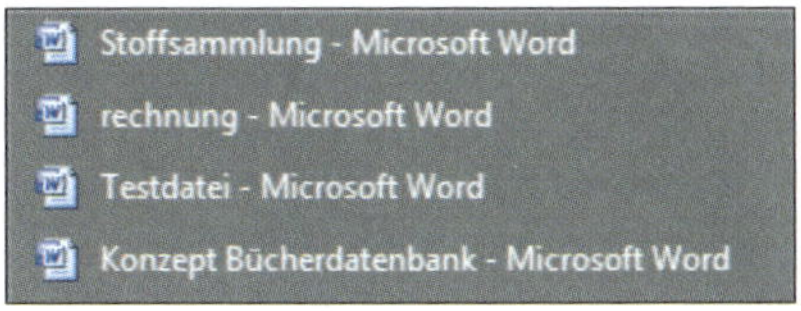

3 Wenn Sie sich nicht mehr ganz sicher sind, welches das gesuchte Dokument ist, können Sie sich alle nebeneinander anzeigen lassen. Klicken Sie dazu statt mit der linken wie im vorigen Schritt mit der rechten (!) Maustaste auf den Eintrag der zusammengefassten Dokumente und dann auf ●.

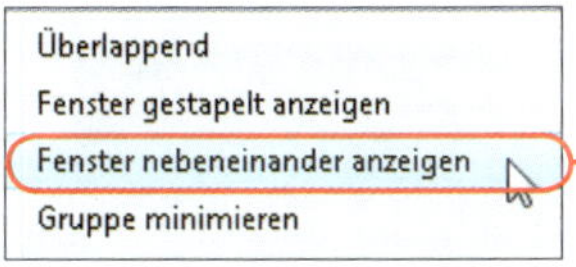

Daraufhin werden alle Word-Dokumente nebeneinander dargestellt: ●.

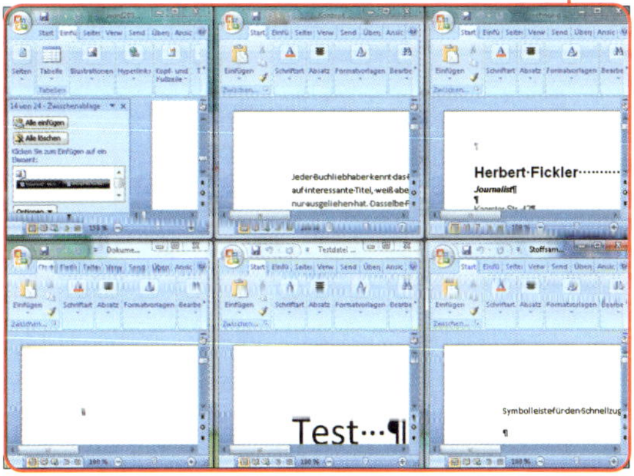

4 Damit eines dieser Dokumente nun komplett angezeigt wird, brauchen Sie nur im betreffenden Fenster rechtgs oben auf das mittlere Symbol zu klicken: ●.

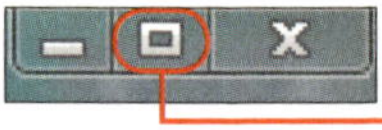

Symbolleiste für den Schnellzugriff anpassen

Direkt neben dem Symbol „Office“ befindet sich die „Symbolleiste für den Schnellzugriff“. Welche Befehle dort zu sehen sind, können Sie selbst festlegen. So binden Sie beispielsweise ein Symbol ein, über das Sie Dokumente künftig schneller öffnen können:

1 Klicken Sie zunächst am rechten Rand der genannten Symbolleiste auf ●.

2 Die Befehle, vor denen sich Haken befinden, sind derzeit in der Symbolleiste eingebunden: ●. Um jetzt zusätzlich den Befehl zum schnelleren Öffnen hinzuzufügen, klicken Sie auf ●.

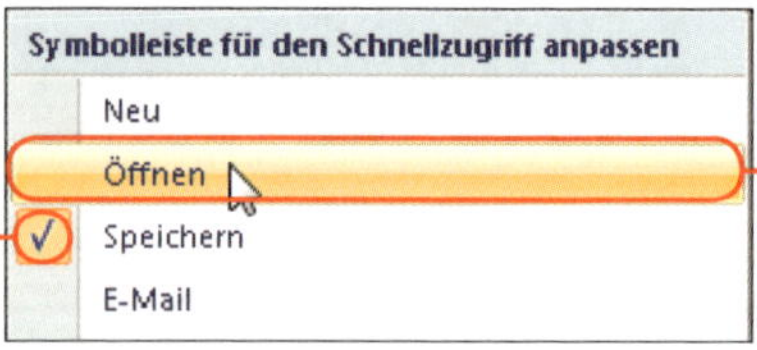

3 Wie Sie sehen, wird das neue Symbol umgehend in der Symbolleiste für den Schnellzugriff eingefügt: ●.

Wenn Sie künftig darauf klicken, erhalten Sie direkten Zugriff auf Ihre Ordner und Dateien. ●

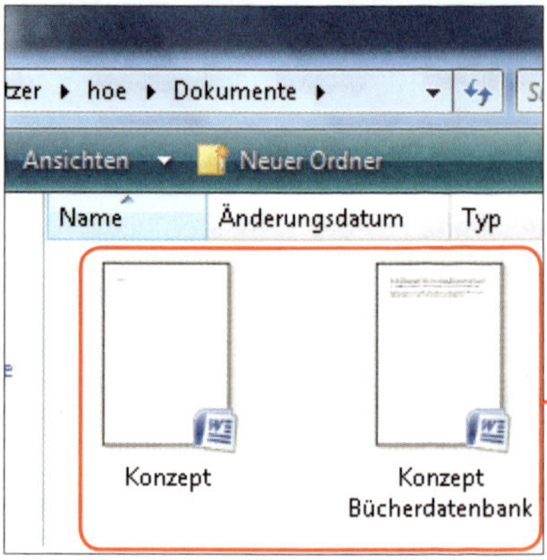

2 Texte schnell und fehlerfrei erfassen

Texte mit einem Textverarbeitungsprogramm wie Word zu erfassen, ist ein Kinderspiel. Sie brauchen einfach nur loszutippen. Um Zeilenenden müssen Sie sich nicht kümmern. Denn wenn eine Zeile voll ist, fängt Word selbstständig eine neue an. Das ist aber bei Weitem nicht der einzige Vorteil, den Word bietet. Zahlreiche Funktionen stehen Ihnen zur Verfügung, die Ihnen dabei helfen, Texte schnell und vor allem auch fehlerfrei zu erfassen. Das Angebot reicht dabei von Navigationstechniken bis hin zur Möglichkeit, Textpassagen nur einmal zu erfassen und dann mit wenigen Mausklicks in jedem beliebigen Dokument erneut zu verwenden.

Im zweiten Kapitel dieses Buches erfahren Sie,
- wie Sie die **Einfügemarke** im Text versetzen, ohne zur Maus zu greifen,
- wie Sie die Zwischenablage nutzen, um Textpassagen an einer anderen Stelle des Dokuments einzufügen,
- wie Sie Fehler im Dokument finden und sogar automatisch verbessern lassen,
- wie Sie Textpassagen speichern und wieder verwenden können,
- wie Sie Synonyme oder englische Übersetzungen anzeigen lassen
- und wie Sie in Windeseile Begriffe in einem Dokument ersetzen.

Kapitel-Wegweiser

Die Einfügemarke schnell positionieren

Die Einfügemarke gibt an, an welcher Stelle das nächste Zeichen eingegeben wird. Wie Sie sicher wissen, brauchen Sie nur mit der Maus an die gewünschte Stelle Ihres Dokuments zu klicken, um die Einfügemarke genau dorthin zu versetzen. Der Nachteil dieser Methode besteht jedoch darin, dass Sie die Finger von der Tastatur nehmen und zur Maus greifen müssen.

Wesentlich flotter versetzen Sie die Einfügemarke mithilfe von Navigationstasten und **Tastenkombinationen**. Wenn Sie diese Techniken beherrschen, können Sie Ihre Texte erheblich schneller tippen und überarbeiten. Schließlich kommt es eher selten vor, dass Sie einen Text in einem Rutsch ohne nachträgliche Ergänzungen und Korrekturen schreiben.

1 Zu erkennen ist die Einfügemarke als senkrechter blinkender Strich: ●.

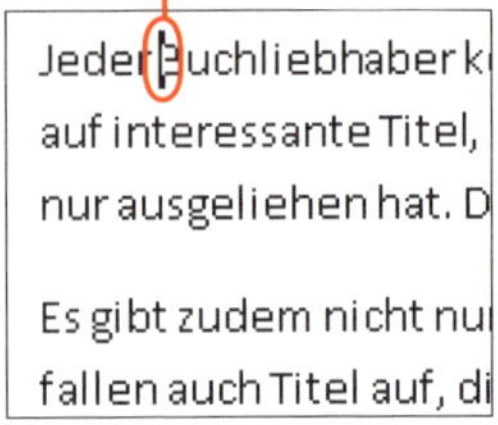

Drücken Sie die [→]-Taste, wird Sie ein Zeichen nach rechts bewegt, im Beispiel: ●.

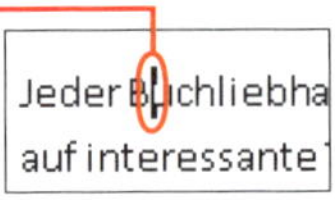

Analog dazu können Sie die Einfügemarke durch Drücken der [←]-Taste ein Zeichen nach links bewegen.

2 Um die Einfügemarke eine Zeile genau senkrecht nach unten zu bewegen, drücken Sie die [↓]-Taste. Im Beispiel landen Sie dann hier: ●.

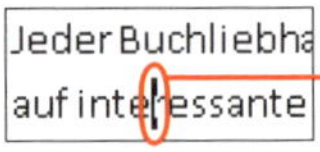

Dementsprechend gelangen Sie durch Drücken von [↑] eine Zeile nach oben.

3 Wenn Sie die Tasten [Strg] und [←] gleichzeitig drücken, bewegen Sie die Einfügemarke ein Wort nach links. Dabei ist ein Sonderfall zu beachten: Sollte sich die Einfügemarke innerhalb eines Wortes befinden wie in der Abbildung des vorigen Schrittes, taucht die Einfügemarke mit der beschriebenen Technik am Anfang dieses Wortes auf, etwa ●.

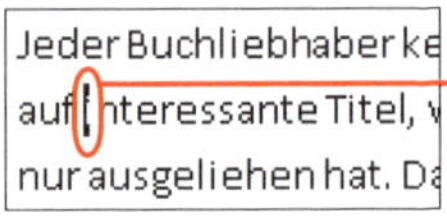

Analog dazu bewegen Sie die Einfügemarke mithilfe der Kombination [Strg] und [→] ein Wort nach rechts ●

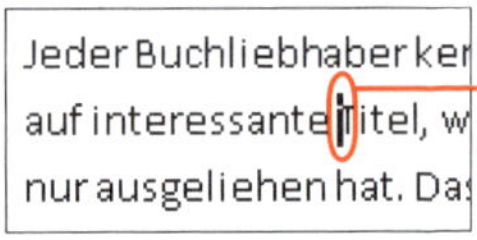

oder, falls sich die Einfügemarke zu jenem Zeitpunkt innerhalb eines Wortes befindet, an das Ende dieses Wortes.

4 Damit die Einfügemarke ganz fix an den Anfang der aktuellen Zeile

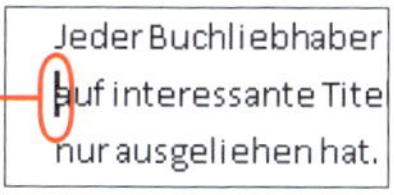

oder ans Ende

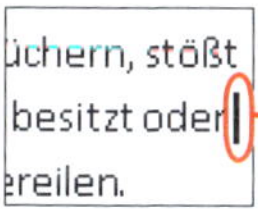

wandert, drücken Sie die Taste Pos1 beziehungsweise Ende.

5 An den Anfang des folgenden Absatzes gelangen Sie, indem Sie die Tastenkombination Strg und ↓ gleichzeitig drücken.

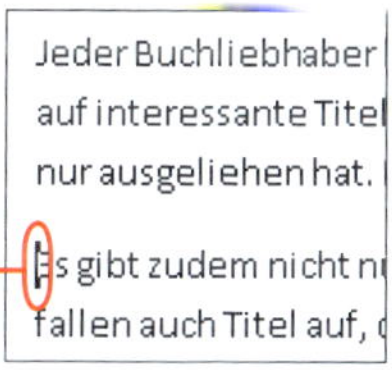

Möchten Sie hingegen schnell den Beginn des vorigen Absatzes erreichen, drücken Sie die Tastenkombination Strg und ↑.

6 Ganz an den Anfang eines Dokuments, also vor das allererste Wort im Text

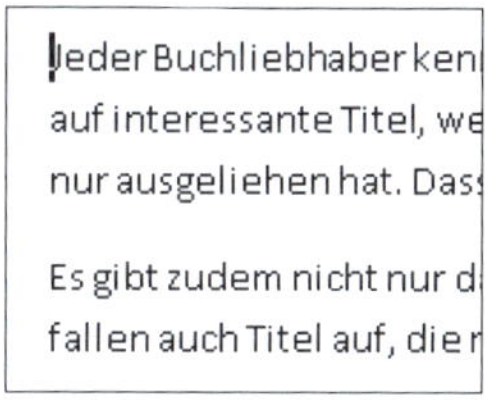

gelangen Sie durch Drücken der Tastenkombination Strg und Pos1. Mithilfe der Kombination Strg und Ende kommen Sie dagegen auf einen Schlag an das Ende des Textes, also hinter das letzte Wort:.

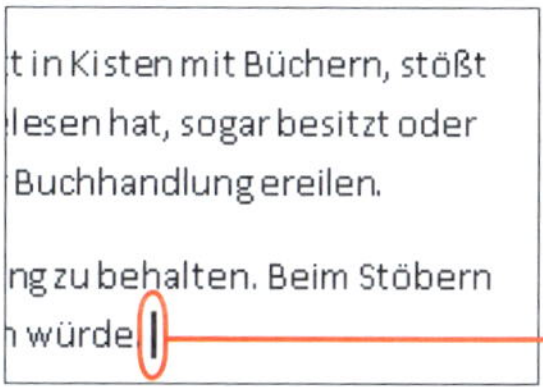

Die Einfügemarke an die vorige Position zurückversetzen

Vor allem bei umfangreichen Dokumenten kann es ärgerlich sein, wenn Sie zum Beispiel irgendwo in der Mitte eine Ergänzung vornehmen, dann die Einfügemarke ans Ende des Textes setzen und plötzlich feststellen, dass Sie an der Stelle, die Sie gerade bearbeitet haben, doch noch einmal etwas ändern müssen. So eine Suche kann nämlich recht zeitaufwändig sein. Es sei denn, Sie drücken gleichzeitig die Tasten ⇧ und F5. Dann springt die Einfügemarke exakt an die vorige Position zurück.

Textstücke bequem anders platzieren

In der Praxis kommt es häufig vor, dass Sie einzelne Wörter, aber auch ganze Textpassagen an eine andere Stelle des Dokuments verschieben wollen. Natürlich brauchen Sie den Text in einem solchen Fall nicht noch ein zweites Mal eintippen. Mithilfe der **Zwischenablage** geht das nämlich ruck, zuck! Und nicht nur das: Sie können zunächst bis zu 24 Textstücke „einsammeln“ und anschließend an beliebigen Stellen wieder einfügen. Und sogar aus anderen Windows-Programmen oder auch von Internetseiten können Sie Textstücke übernehmen. In jedem Fall kann Ihnen die Zwischenablage eine Menge Tipparbeit abnehmen.

1 Um das Prinzip der Zwischenablage zu verdeutlichen, soll im Folgenden beispielhaft ein Wort an eine andere Position versetzt werden. Klicken Sie zunächst doppelt, also zweimal kurz hintereinander, auf das Wort, etwa ●,

um es zu **markieren**.

(Im Verlauf dieses Kapitels werden Sie noch weitere Markierungstechniken, die Word Ihnen bietet, kennenlernen.)

2 Drücken Sie nun gleichzeitig die Tasten [Strg] und [X]. Das im vorigen Schritt markierte Wort wird daraufhin ausgeschnitten. Das bedeutet, es verschwindet aus Ihrem Text und befindet sich jetzt in der Zwischenablage.

3 Als Nächstes setzen Sie die Einfügemarke an die Stelle, an der das Wort, das nun nicht mehr sichtbar ist, eingefügt werden soll, im Beispiel ●.

Drücken Sie danach gleichzeitig [Strg] und [V], wird das ausgeschnittene Wort an genau dieser Stelle aus der Zwischenablage eingefügt: ●.

4 Alternativ zu den in den Schritten 2 und 3 vorgestellten Tastenkombinationen können Sie auch die Maus verwenden. Um ein Textstück auszuschneiden, klicken Sie mit der rechten (!) Maustaste in die Markierung und im Kontextmenü, das daraufhin geöffnet wird, auf ●.

Zum Einfügen klicken Sie dann ebenfalls mit der rechten (!) Maustaste an die Stelle, an der es erscheinen soll, und dann im Kontextmenü auf ●.

5 Mitunter wollen Sie ein Textstück zwar an einer neuen Stelle einfügen, am Ursprungsort soll es aber erhalten bleiben. Statt der Tastenkombination [Strg] und [X] verwenden Sie in diesem Fall des Kopierens [Strg] und [C]. Und wenn Sie lieber mit der Maus arbeiten, klicken Sie im Kontextmenü statt auf ● auf ●.

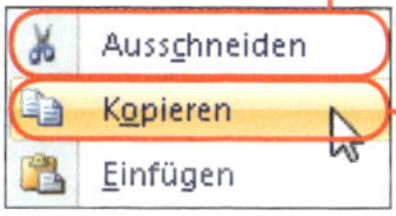

Das Einfügen aus der Zwischenablage funktioniert dann beim Kopieren genauso wie beim Ausschneiden.

6 Die Zwischenablage-Funktion, wie sie bisher beschrieben wurde, steht Ihnen normalerweise in allen Windows-Programmen zur Verfügung. Word bietet Ihnen darüber hinaus aber auch noch die sogenannte Office-Zwischenablage. Damit können Sie bis zu 24 Elemente einsammeln und an beliebigen Stellen Ihres Textes einfügen. Um die Office-Zwischenablage zu aktivieren, müssen Sie sich im Start-Register der **Multifunktionsleiste** befinden. Klicken Sie daher auf den Registerreiter ●,

sofern er nicht sowieso schon optisch hervorgehoben erscheint: ●.

7 Wenn Sie dann neben dem Eintrag „Zwischenablage" auf den kleinen schräg nach rechts unten weisenden Pfeil ●

klicken, erscheint die Zwischenablage in einer separaten Spalte am linken Rand des Programmfensters.

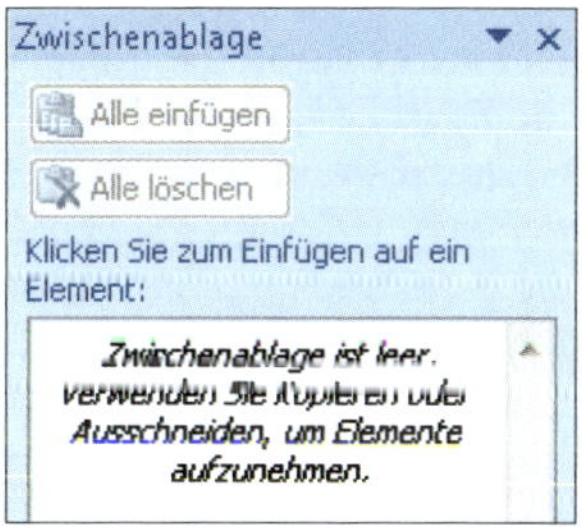

8 Bis zu 24 Textstücke, die Sie nun in die Zwischenablage kopieren oder ausschneiden, tauchen ab jetzt sukzessive in dieser Spalte auf, im Beispiel ●.

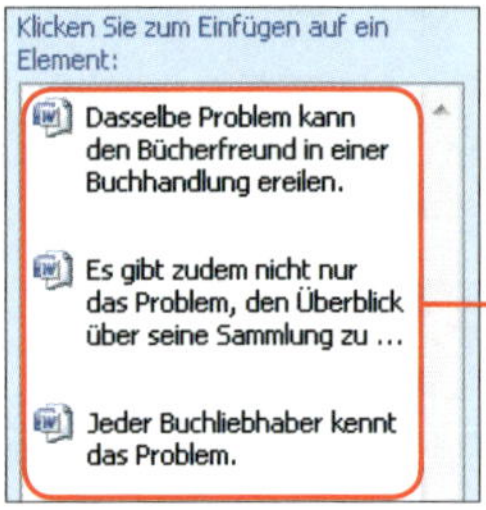

Die Reihenfolge spielt dabei keine Rolle. Jedes der Elemente der Zwischenablage können Sie an jeder beliebigen Stelle in Ihrem Dokument einfügen. Positionieren Sie einfach die Einfügemarke an der gewünschten Stelle, und klicken Sie danach auf den entsprechenden Eintrag.

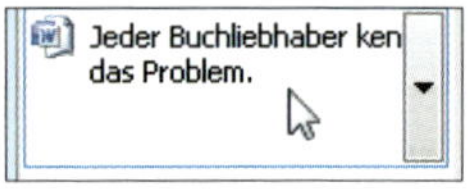

9 Die einzelnen Elemente bleiben so lange in der Zwischenablage, bis entweder die Höchstgrenze von 24 Elementen überschritten wird. Dann fallen die Elemente in der Reihenfolge, in der sie in die Zwischenablage übernommen wurden, heraus und werden durch die neuen ersetzt. Oder aber Sie entfernen einzelne Elemente manuell. Führen Sie dazu den Mauszeiger über das Textstück, das Sie entfernen möchten, und klicken Sie dann auf ●

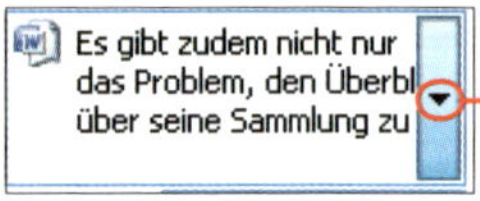

und anschließend auf ●.

10 Über die beiden Schaltflächen im Kopfbereich der Zwischenablage können Sie auch alle Elemente auf einen Schlag einfügen oder löschen: ●. Und um die Spalte mit der Zwischenablage wieder auszublenden, klicken Sie einfach auf das Schließkreuz ●.

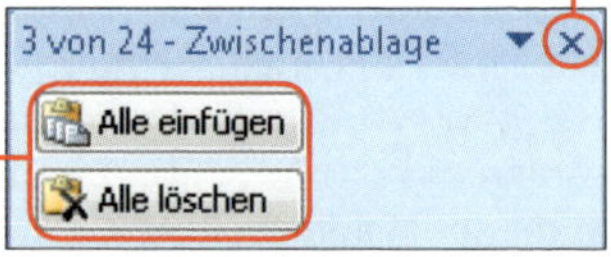

Verhalten der Zwischenablage steuern

Wann und wie Sie sich die Office-Zwischenablage anzeigen lassen, können Sie selbst entscheiden. Nach einem Klick unten in der Spalte auf die Schaltfläche

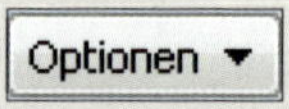

sehen Sie, welche Möglichkeiten es gibt. Wenn Sie dort beispielsweise in das Kästchen ●

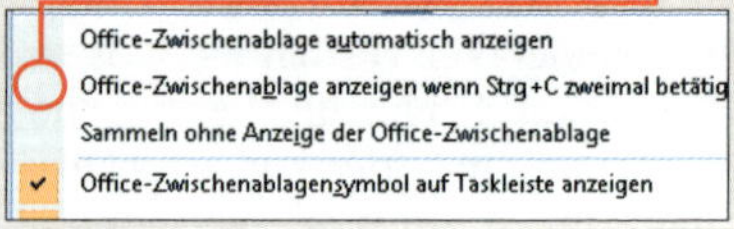

klicken, um einen Auswahlhaken zu setzen, taucht die Zwischenablage künftig auf, sobald Sie zweimal hintereinander die Tastenkombination Strg und C drücken.

Texte auf Fehler überprüfen

Selbst wenn Sie über gute Rechtschreibkenntnisse verfügen, ist es gar nicht so einfach, einen völlig fehlerfreien Text zu schreiben. Schnell haben sich nämlich Tippfehler eingeschlichen, die man auch beim Korrekturlesen leicht übersieht. Word stellt Ihnen aber glücklicherweise die Rechtschreibprüfung zur Verfügung. Wenn Sie diese Funktion aufrufen, vergleicht das Programm die einzelnen Worte Ihres Textes mit einem integrierten Wörterbuch. Dieses Wörterbuch ist sehr umfangreich und enthält auch grammatikalische Abwandlungen eines Wortes, also beispielsweise nicht nur „Haus“, sondern auch die Genetivform „(des) Hauses“. Sollte Word ein von Ihnen geschriebenes Wort nicht im Wörterbuch finden, erhalten Sie eine entsprechende Meldung.

1 Standardmäßig prüft Word Ihren Text gleich bei der Eingabe auf mögliche Fehler und zeigt sie Ihnen durch eine rote Schlangenlinie an, etwa ●.

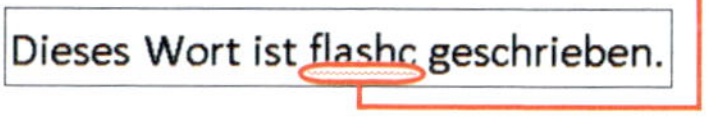

Sollte dies bei Ihnen nicht der Fall sein, lesen Sie auf Seite 26, wie Sie diese Option auswählen.

2 Wenn Sie nun mit der rechten (!) Maustaste auf das so gekennzeichnete Wort klicken, öffnet sich ein Kontextmenü. Darin werden Ihnen zumeist Korrekturvorschläge unterbreitet. Befindet sich darunter die richtige Schreibweise, brauchen Sie den entsprechenden Eintrag nur anzuklicken, damit die Korrektur sofort ausgeführt wird. Im Beispielfall klicken Sie also einfach auf ●.

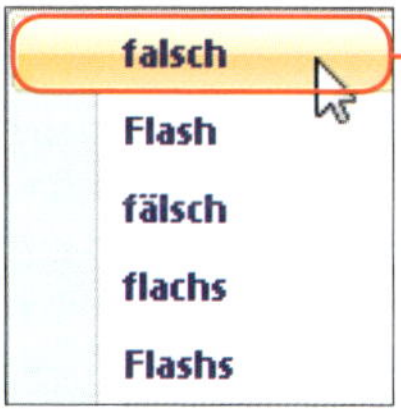

Schon wird der Fehler korrigiert.

Grammatikfehler korrigieren

Word zeigt Ihnen nicht nur Rechtschreib- oder Tippfehler an, sondern auch grammatikalische. Diese werden nicht rot, sondern durch eine grüne Wellenlinie gekennzeichnet.

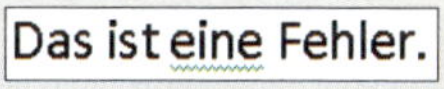

Wie bei Rechtschreibfehlern auch erhalten Sie nach einem Rechtsklick einen Korrekturvorschlag, den Sie einfach mit einem Mausklick übernehmen können, im Beispiel ●. Falls Sie den Vorschlag hingegen nicht annehmen wollen, klicken Sie stattdessen auf ●.

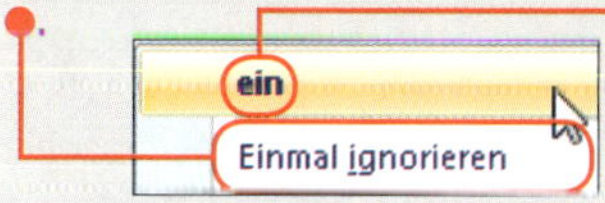

3 Mitunter liegt Word mit seiner Fehlervermutung daneben. Vor allem bei Eigennamen kommt dies logischerweise häufig vor.

Das Kontextmenü, das nach dem Rechtsklick erscheint, bietet Ihnen drei Möglichkeiten, auf diese Falschmeldung zu reagieren. Klicken Sie auf den ersten Eintrag ●, wird der angebliche Fehler an dieser Stelle nicht mehr beanstandet.

Kommt der Name häufiger in Ihrem Text vor, klicken Sie hingegen auf ●.

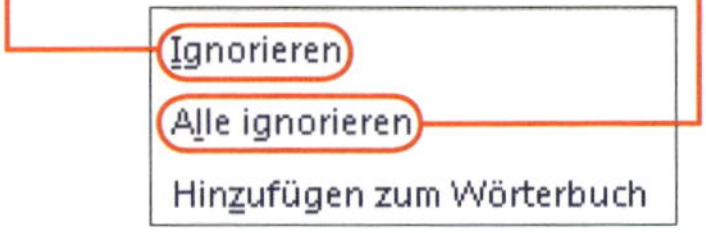

Dann wird die Schreibweise in diesem Dokument (!) nicht mehr moniert.

Nun kann es allerdings sein, dass Sie mit der Firma „Schmittlein" häufiger korrespondieren. In dem Fall klicken Sie auf

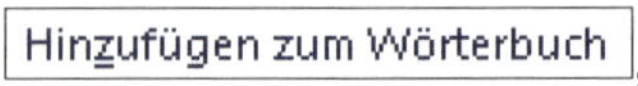

,

damit der Name auch in künftigen Briefen akzeptiert wird.

4 Sie brauchen Korrekturen nicht sofort auszuführen, wenn Sie Ihren Schreibfluss nicht unterbrechen möchten. Stattdessen können Sie in Ruhe zu Ende tippen und danach in einem separaten Arbeitsgang alle nötigen Berichtigungen machen. Klicken Sie dazu in der Multifunktionsleiste auf den Registerreiter

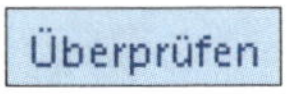

und im Register, das daraufhin in den Bildschirmvordergrund rückt, auf ●.

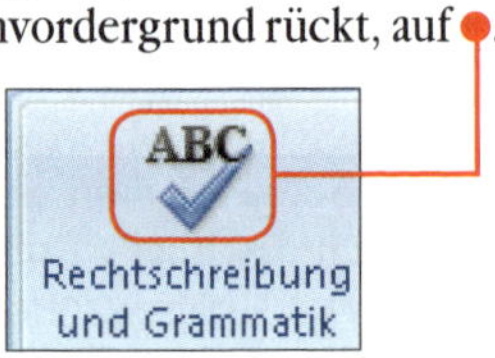

(Alternativ können Sie die Überprüfung des Dokuments auch starten, indem Sie die Taste F7 drücken.)

5 Anschließend wird Ihnen das erste Wort angezeigt, das das Programm nicht im Wörterbuch gefunden hat.

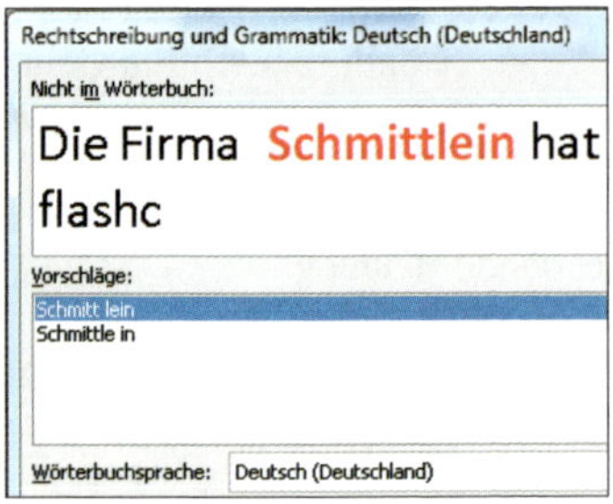

Da die Schreibweise im Beispielfall richtig ist, legen Sie per Klick auf die entsprechende Schaltfläche fest, ob Word den Fehler einmal, im ganzen Dokument ● oder künftig in allen Dokumenten ● ignorieren soll.

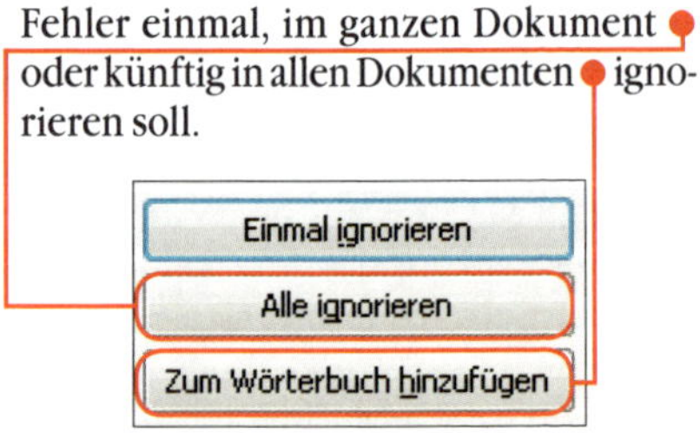

6 Im Fenster erscheint daraufhin der nächste mutmaßliche Fehler. Wenn tatsächlich ein Fehler vorliegt, markieren Sie den zutreffenden Korrekturvorschlag mit einem Mausklick ●

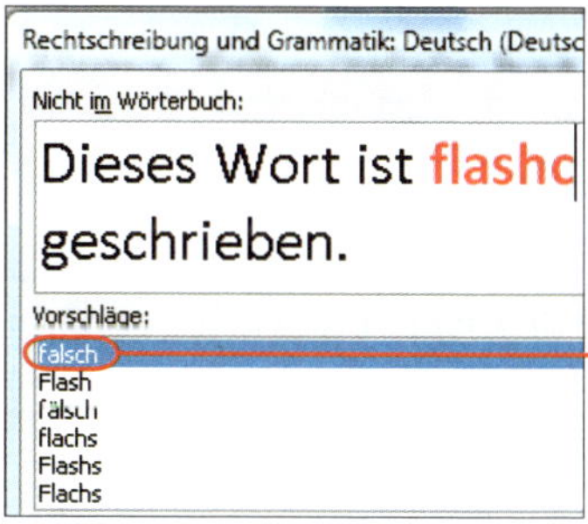

und klicken dann, um die Korrektur an dieser einen Stelle auszuführen, auf die Schaltfläche

oder auf

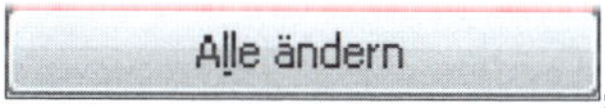

,

um sie gleich im gesamten Dokument durchzuführen.

Was es mit der Schaltfläche

auf sich hat, erfahren Sie auf Seite 28.

7 Hin und wieder kommt es vor, dass Word für ein vermeintlich falsch geschriebenes Wort keinen Korrekturvorschlag parat hat: ●.

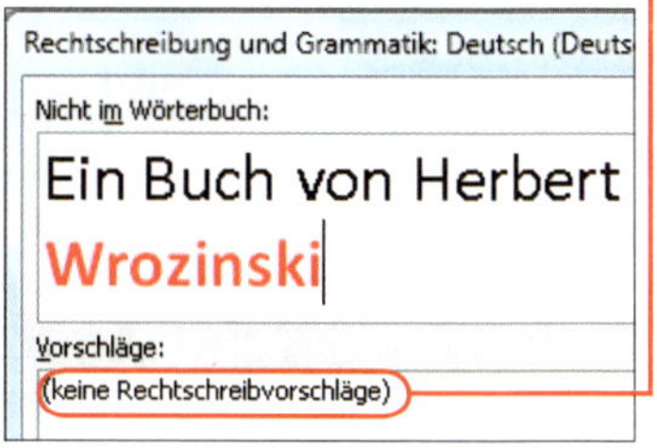

Sie können dann einfach im Dialogfenster die entsprechende Korrektur eingeben, im Beispiel also im Eigennamen einen vergessenen Buchstaben einfügen: ●.

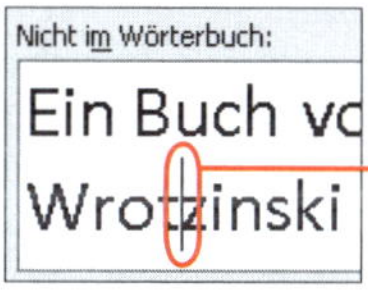

Danach stehen Ihnen wieder die eben erwähnten Schaltflächen zur Verfügung, um die Korrektur auszuführen.

Den nachfolgenden Warnhinweis nehmen Sie einfach mit einem Mausklick auf ● zur Kenntnis.

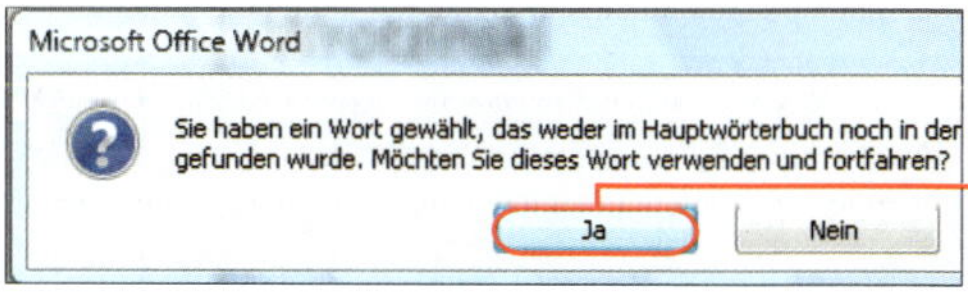

8 Wenn die Rechtschreibprüfung das gesamte Dokument abgearbeitet hat, erhalten Sie eine entsprechende Meldung. Mit einem Klick auf ● verschwindet das Fenster.

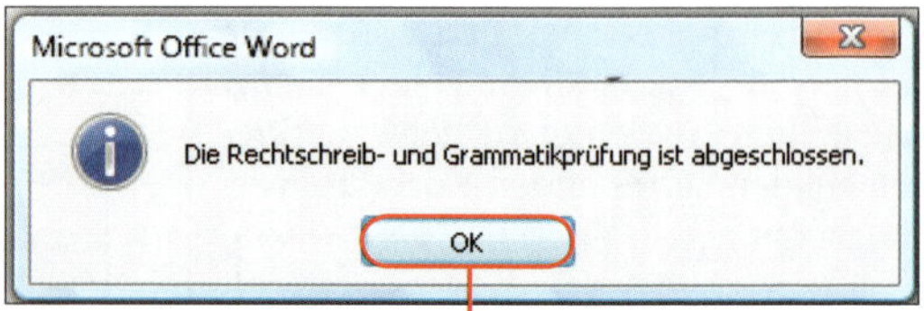

Verhalten der Rechtschreibprüfung steuern

Die Rechtschreibprüfung von Word lässt sich ganz auf Ihre persönlichen Vorlieben und Anforderungen zuschneiden.

1 Um Zugriff auf die verschiedenen Möglichkeiten zu bekommen, klicken Sie zunächst links oben im Programmfenster auf das Office-Symbol

,

danach auf

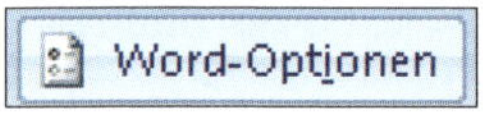

und im Fenster, das sich daraufhin öffnet, in der Spalte am linken Rand auf ●.

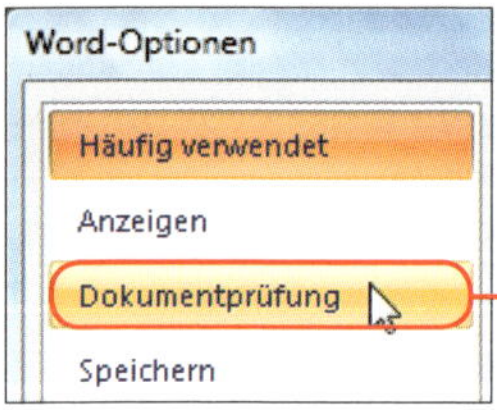

2 Per Mausklick in die Auswahlkästchen können Sie nun Häkchen setzen, um eine Option zu aktivieren, oder Häkchen entfernen, um die Option auszuschalten. Wollen Sie beispielsweise, dass Ihr Text nach den Regeln der alten deutschen Rechtschreibung geprüft wird, klicken Sie in das Kästchen ●,

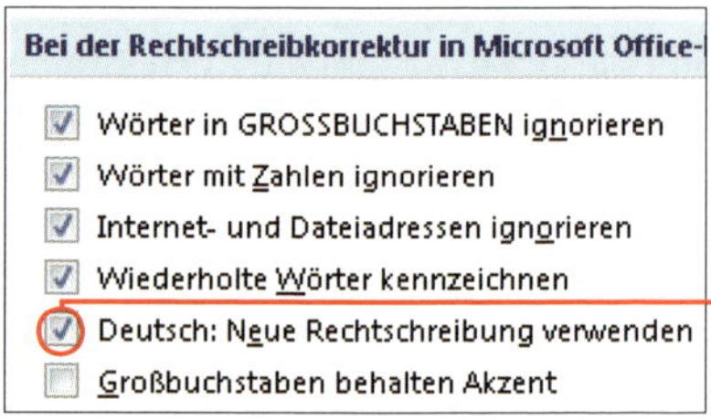

damit der Haken verschwindet.

3 Weiter unten auf der Seite finden Sie noch mehr Möglichkeiten. Falls es Sie beispielsweise stört, dass Word mögliche Fehler bereits während der Texterfassung anzeigt, entfernen Sie mit einem Mausklick den Auswahlhaken ●.

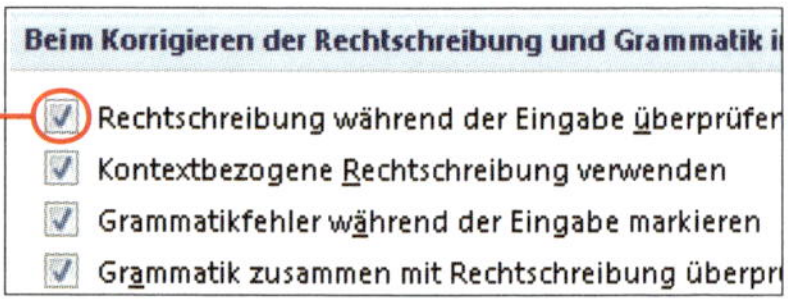

4 Nachdem Sie alle Einstellungen wunschgemäß vorgenommen haben, klicken Sie zur Bestätigung wie üblich auf die Schaltfläche

.

Typische Fehler automatisch korrigieren lassen

Es gibt etliche typische Tipp- und Schreibfehler, die Word automatisch korrigiert. Diesen sogenannten Autokorrekturen können Sie ganz leicht Ihre persönlichen Problemfälle, also Wörter, bei denen Sie sich regelmäßig vertippen, hinzufügen.

1 Um die Wirkungsweise der Autokorrektur kennenzulernen, versuchen Sie einmal das Wort „mit“ bewusst mit einem Buchstabendreher als „mti“ zu schreiben. Sie werden sehen, dass Ihnen das nicht gelingt. Drücken Sie nämlich nach Eingabe des letzten Buchstabens

die Leertaste , wird das Wort ohne Ihr Zutun korrigiert.

2 Diese automatischen Korrekturen sind natürlich eine feine Sache. Und das Beste ist, dass Sie Fehler, die Ihnen persönlich häufig unterlaufen, ebenfalls automatisch korrigieren lassen können. Passiert es Ihnen beispielsweise oft, dass Sie „flasch“ ● statt „falsch“ schreiben, markieren Sie beim Korrekturdurchlauf die richtige Schreibweise ●

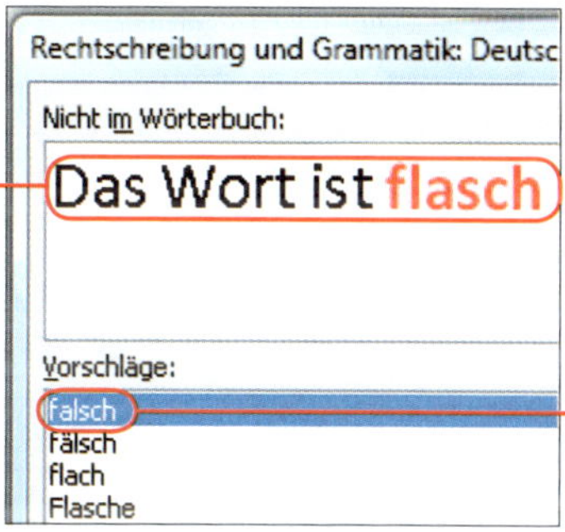

und klicken dann statt auf eine der beiden ersten Schaltflächen auf ●.

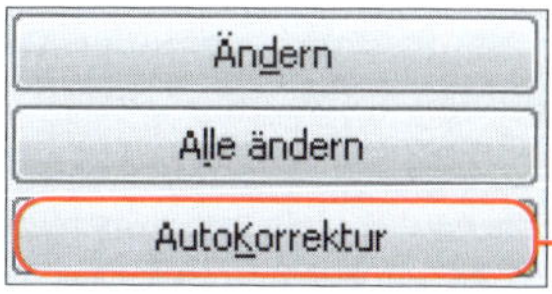

Genau wie in Schritt 1 das fehlerhafte „mti“ automatisch korrigiert wird, wird auch „flasch“ künftig ohne Ihr Zutun verbessert.

3 Darüber hinaus können Sie die Autokorrektur-Funktion nutzen, um sich das Eintippen schwer zu schreibender Wörter oder sogar ganzer Ausdrücke zu ersparen. So ist es zum Beispiel möglich, dass Sie Ihren eigenen Namen automatisch einsetzen lassen, wenn Sie Ihre Initialen eintippen. Klicken Sie dazu auf

,

anschließend auf

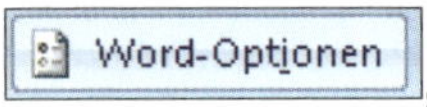
,

danach auf

und schließlich auf

.

4 Im Fenster, das daraufhin angezeigt wird, können Sie das Verhalten der Autokorrektur ganz nach Wunsch steuern. Die Einstellungen im oberen Bereich sind durchweg sinnvoll. Von Ausnahmefällen abgesehen können Sie die Häkchen also beibehalten.

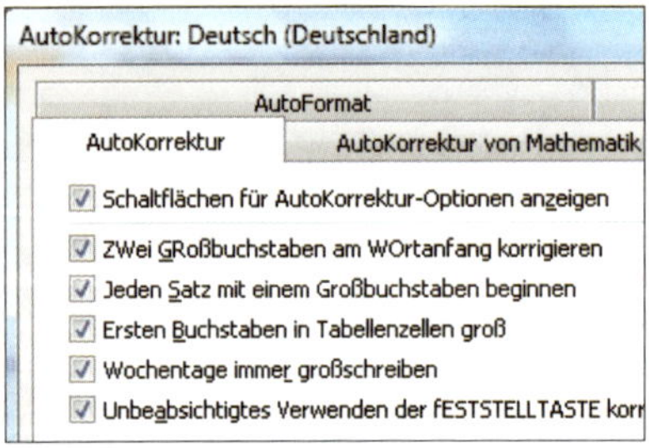

Unten im Fenster sehen Sie eine Auflistung der automatischen Korrekturen.

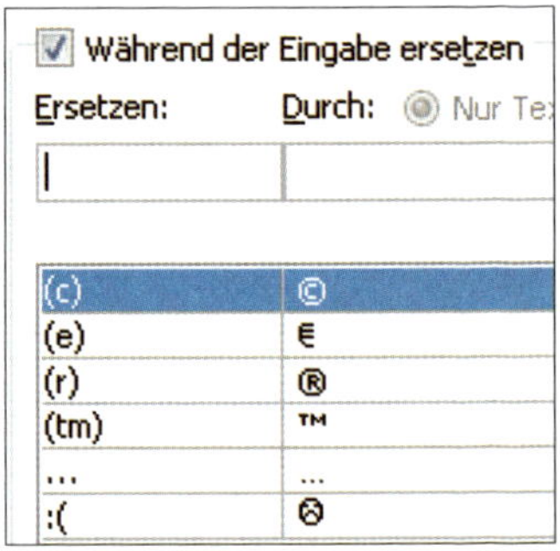

5 Tippen Sie jetzt einfach Ihre Initialen ins linke Feld

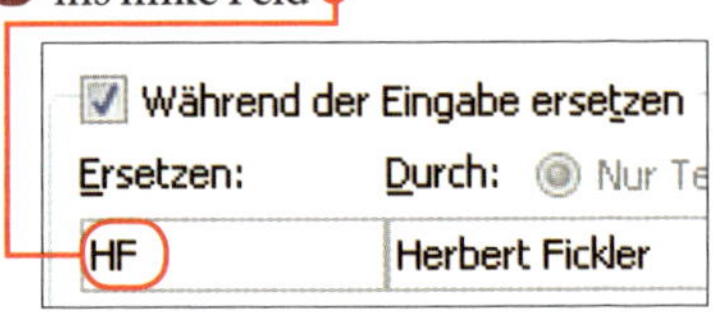

sowie ins Feld rechts daneben Ihren vollständigen Namen ein, und klicken Sie dann auf

.

Anschließend brauchen Sie nur noch die beiden geöffneten Fenster per Klicks auf

zu schließen. Wann immer Sie künftig die Anfangsbuchstaben Ihres Namens eintippen, erscheint nach dem Drücken der Leertaste sofort Ihr kompletter Name. Eng verwandt mit diesem Automatismus sind die „Schnellbausteine", die Sie im nächsten Abschnitt kennenlernen werden.

6 Natürlich ist es nicht auszuschließen, dass Sie mit einer automatisch ausgeführten Korrektur einmal nicht einverstanden sind. Um sie rückgängig zu machen, führen Sie den Mauszeiger über die Änderung, bis ein waagrechter Balken sichtbar wird: ●.

7 Führen Sie dann den Mauszeiger über diesen Balken, und klicken Sie auf das ausklappende Symbol ●.

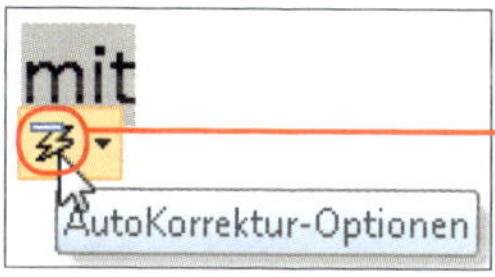

Nun können Sie entscheiden, ob die Korrektur in diesem konkreten Fall rückgängig gemacht ● oder ob sie künftig generell unterbunden wird ●.

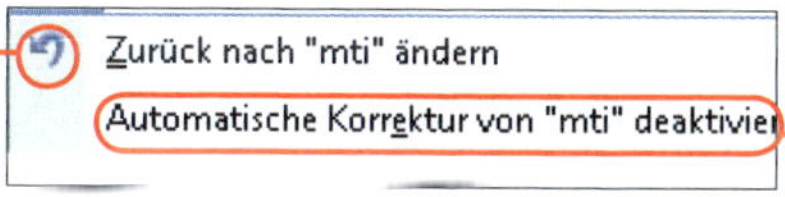

Autokorrekturen verhindern

In Schritt 7 wird Ihnen gezeigt, wie Sie eine automatische Korrektur künftig unterbinden können. Es gibt jedoch noch eine zweite Möglichkeit. Angenommen, Sie wollen nicht mehr, dass nach der Eingabe Ihrer Initialen Ihr Name erscheint. Wiederholen Sie dazu als Erstes Schritt 3, und tippen Sie dann Ihre Initialen ein: ●. Im Bereich darunter wird daraufhin die Ersetzung angezeigt und auch gleich markiert: ●.

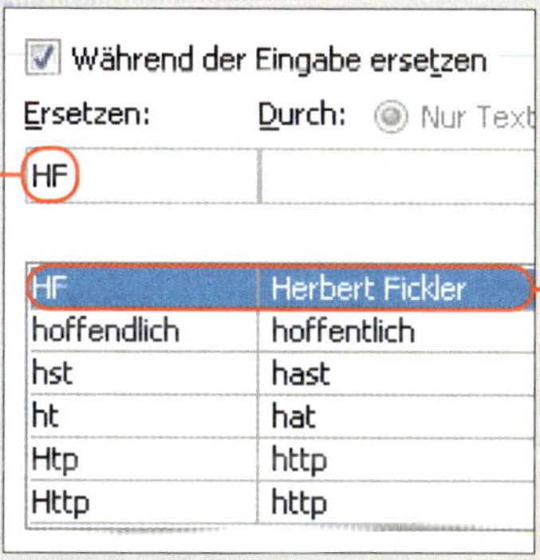

Jetzt brauchen Sie nur noch auf

zu klicken. Der Vorteil dieser Variante besteht darin, dass Sie nicht warten müssen, bis die Stelle mit der betreffenden Autokorrektur in Ihrem wieder Text vorkommt.

Textstellen wieder verwenden

Im vorigen Abschnitt haben Sie gelernt, wie Sie nur durch Eingabe Ihrer Initialen automatisch Ihren kompletten Namen schreiben können. Es gibt noch eine zweite Methode, Textpassagen immer wieder zu verwenden. Speichern Sie

Textstücke, die Sie regelmäßig benötigen, als sogenannte Schnellbausteine. Mit wenigen Mausklicks können Sie diese dann bei Bedarf in jedes beliebige Dokument einfügen, und zwar ohne dass Sie sich - wie bei der im vorigen Abschnitt gezeigten Methode - Kürzel merken müssen. Im Beispiel legen Sie einen Schnellbaustein mit Ihren kompletten Adressdaten an.

1 Markieren Sie zunächst Ihren Adressblock in einem beliebigen Dokument. (Lesen Sie gegebenenfalls im nächsten Kapitel ab Seite 37 nach, wie das Markieren funktioniert.)

2 Holen Sie anschließend mit einem Mausklick auf den Registerreiter ●

das gleichnamige Register in den Bildschirmvordergrund, und klicken Sie darin auf die Schaltfläche

sowie in der Befehlsauswahl, die daraufhin aufklappt, auf ●.

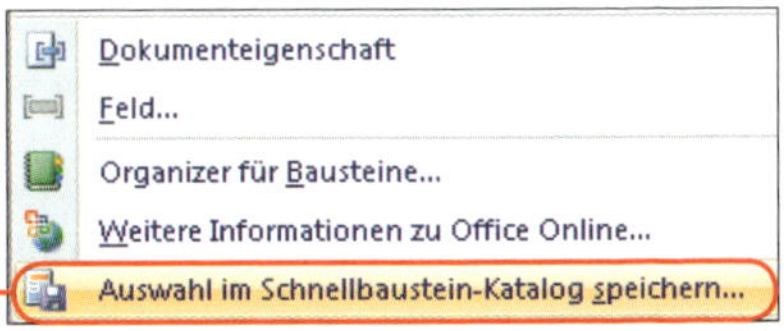

3 Jetzt können Sie dem gewünschten Schnellbaustein einen Namen ● geben sowie eine Beschreibung ●

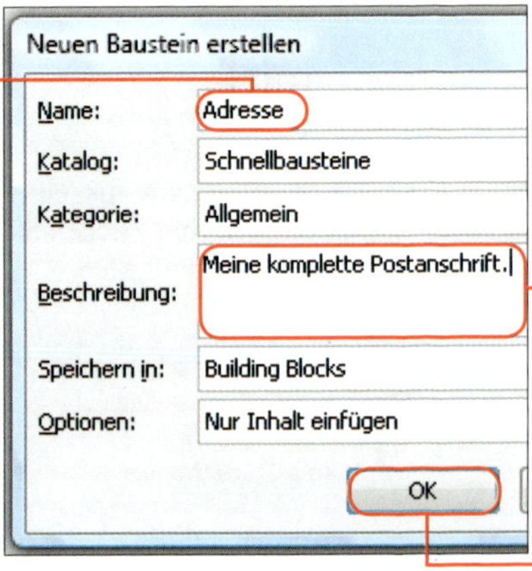

hinzufügen, bevor Sie dann zur Bestätigung auf ● klicken.

4 Wenn Sie künftig Ihre komplette Adresse einfügen wollen, positionieren Sie die Einfügemarke einfach an der entsprechenden Stelle und klicken danach auf

sowie auf

.

5 Im Fenster, das nun zu sehen ist, finden Sie Ihren Adresseintrag.

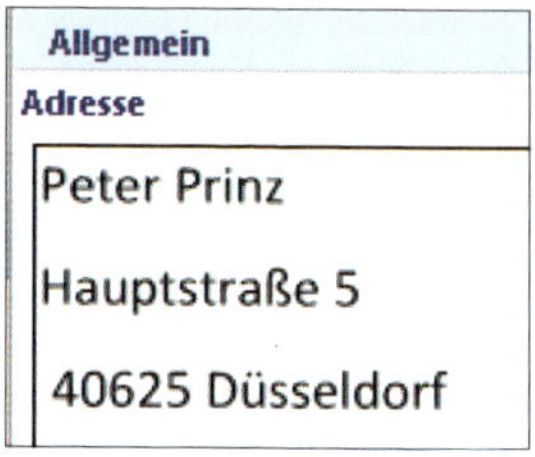

Sie brauchen ihn nur noch anzuklicken, damit er ins Dokument eingefügt wird.

6 Falls Sie sehr viele Schnellbausteine angelegt haben, kann es sein, dass Sie einen Eintrag erst suchen müssen. Klicken Sie in dem Fall im Fenster, das Sie in Schritt 4 geöffnet haben, auf den Befehl ●.

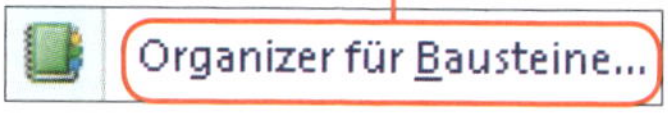

Sie erhalten dann Zugriff auf alle gespeicherten Bausteine. Am schnellsten finden Sie einen bestimmten, wenn Sie die Einträge alphabetisch sortiert anzeigen lassen. Klicken Sie dazu auf die Spaltenbezeichnung ●.

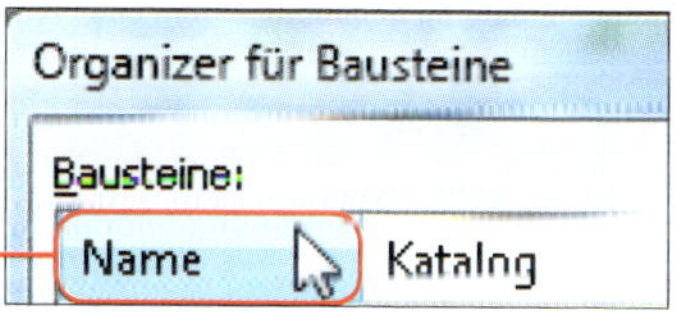

7 Markieren Sie anschließend den Adresseintrag mit einem Mausklick, im Beispiel ●.

Im rechten Teil des Fensters taucht nun eine Vorschau auf

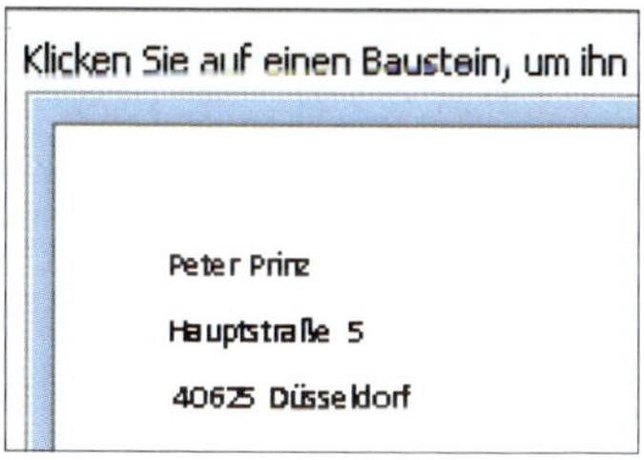

sowie darunter die Beschreibung, die Sie in Schritt 3 eingegeben haben.

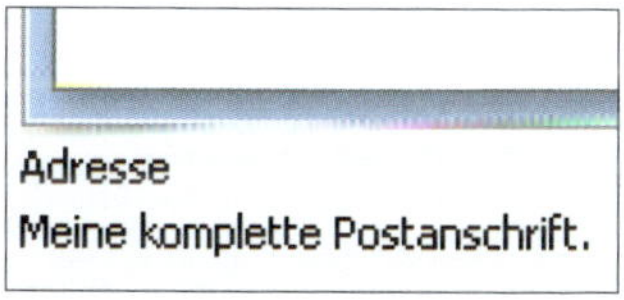

8 Haben Sie sich auf diese Weise vergewissert, dass es sich um den gesuchten Schnellbaustein handelt, klicken Sie auf die Schaltfläche

.

Umgehend wird die komplette Adresse an der von Ihnen gewünschten Stelle im Dokument eingefügt.

Einen treffenden Ausdruck finden

Word unterstützt Sie nicht nur dabei, fehlerfreie Texte zu schreiben, sondern bietet Ihnen auch Formulierungshilfen. Dazu steht Ihnen ein Wörterbuch zur Verfügung, der sogenannte Thesaurus. So können Sie beispielsweise Wortwiederholungen vermeiden oder auch Ihre Aussagen noch präziser formulieren.

1 Stellen Sie sich vor, Sie suchen ein anderes Wort für „Datum“. Klicken Sie daher mit der rechten (!) Maustaste auf ●,

und führen Sie dann den Mauszeiger über den Eintrag ●.

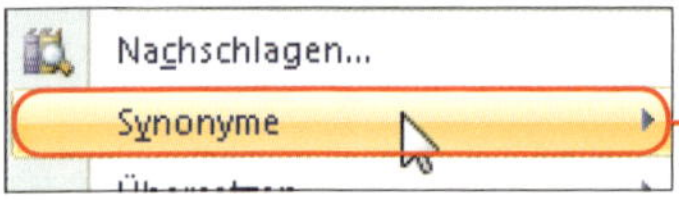

2 Seitlich klappt daraufhin eine Liste mit Synonymen auf, also Wörtern mit ähnlicher Bedeutung. Gefällt Ihnen einer der aufgelisteten Ausdrücke besser als „Datum“, brauchen Sie nur auf den entsprechenden Eintrag zu klicken, beispielsweise auf ●.

Schon wird das Wort, das Sie in Schritt 1 ausgewählt hatten, ersetzt.

3 Sollten Sie mit den Vorschlägen, die aufgelistet werden, nicht zufrieden sein, können Sie noch intensiver suchen. Klicken Sie dazu im Fenster von Schritt 2 ganz unten auf

.

In einer Spalte am rechten Rand werden Ihnen daraufhin etliche Synonyme angeboten.

4 Wenn Sie in dieser Spalte auf einen der Ausdrücke klicken, im Beispiel ,

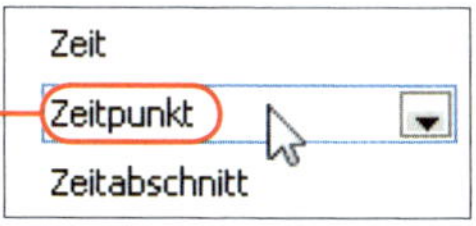

werden in der Trefferliste sogar noch Synonyme für dieses Wort angezeigt, das ursprünglich selbst schon ein Synonym war.

Sie können sich also immer tiefer in den gesammelten Wortschatz des Thesaurus durchklicken.

5 Vielleicht sind Sie aber auch schon mit den ersten Treffern zufrieden und wollen einen Ausdruck in Ihren Text übernehmen. In dem Fall klicken Sie nicht, wie im vorigen Schritt, auf das Wort selbst, sondern auf den nach unten weisenden Pfeil, der sichtbar wird, sobald Sie den Mauszeiger über das Wort führen ,

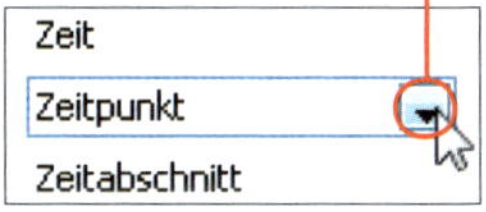

und dann auf den Eintrag .

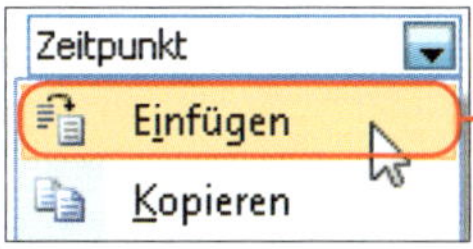

6 Stattdessen können Sie das Wort aber auch erst einmal in die Zwischenablage kopieren, indem Sie auf

klicken. Das ist dann sinnvoll, wenn Sie sich noch nicht sicher sind und gerne noch weitersuchen möchten. Sollten Sie dann allerdings keinen besseren Ausdruck finden, können Sie dieses Wort einfach aus der Zwischenablage in Ihren Text übernehmen, wie auf Seite 22 beschrieben.

Texte in Englisch schreiben

Auch beim Verfassen englischer Texte bietet Ihnen Word eine Hilfestellung. Denn wenn Sie die entsprechende Funktion aktivieren, können Sie sich blitzschnell Übersetzungen eines Begriffes anzeigen lassen.

1 Klicken Sie mit der rechten (!) Maustaste auf eine beliebige Stelle Ihres Dokuments, führen Sie den Mauszeiger im daraufhin geöffneten Kontextmenü über ●,

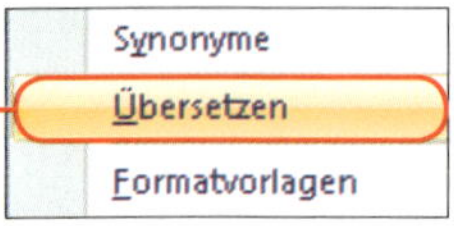

und klicken Sie in der seitlich erscheinenden Auswahl auf den Eintrag ●.

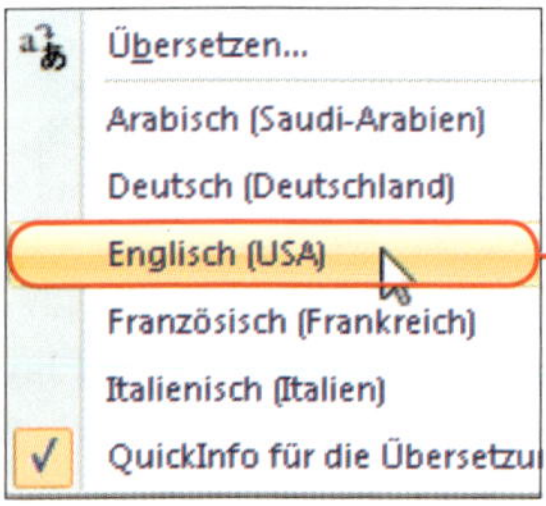

2 Wenn Sie künftig den Mauszeiger über ein beliebiges Wort führen ●, bekommen Sie die englische Übersetzung eingeblendet, im Beispiel ●.

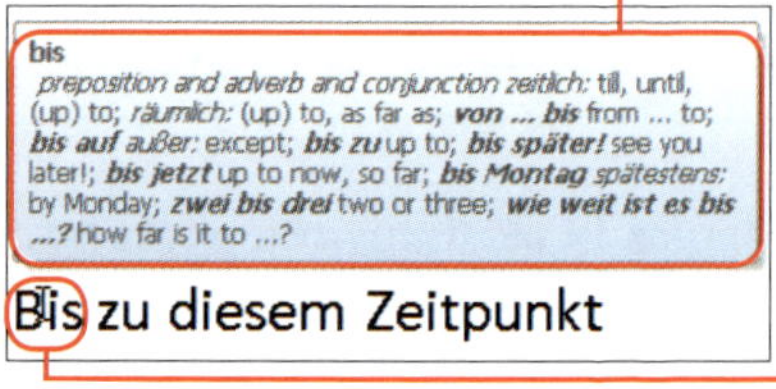

3 Falls Sie keine Übersetzungen mehr benötigen, können Sie die Funktion natürlich auch wieder ausschalten. Wiederholen Sie einfach Schritt 1, klicken Sie jedoch auf den untersten Eintrag ●.

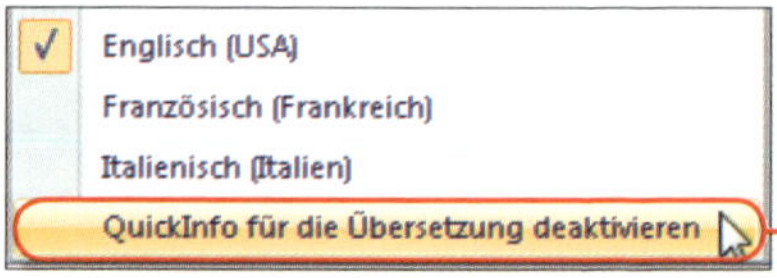

Begriffe blitzschnell ersetzen

Stellen Sie sich vor, Sie haben einen längeren Text geschrieben und merken, wenn Sie fertig sind, dass Sie beispielsweise einen Namen ständig falsch geschrieben haben. Jetzt haben Sie natürlich die Möglichkeit, Ihr Dokument noch einmal gründlich durchzulesen und zu verbessern. Es geht aber auch schneller, zuverlässiger und bequemer.

1 Im Beispielfall erwähnen Sie den Namen „Schmitt" häufiger in Ihrem Dokument. Plötzlich stellen Sie jedoch fest, dass die korrekte Schreibweise „Schmidt" wäre. Um diesen Fehler zu korrigieren, holen Sie zunächst mit einem Klick auf den Registerreiter ●

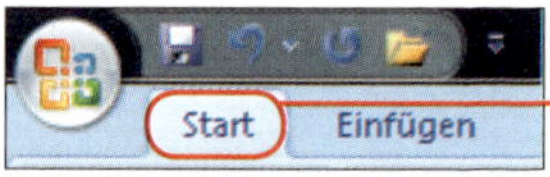

das Start-Register in den Vordergrund und klicken darin ganz rechts in der Multifunktionsleiste auf

.

2 Im nachfolgenden Fenster behalten Sie das Register „Ersetzen“ im Bildschirmvordergrund. Tippen Sie ins obere Feld die fehlerhafte Schreibweise des Namens ein, etwa ●, und im Feld darunter die korrekte, beispielsweise ●.

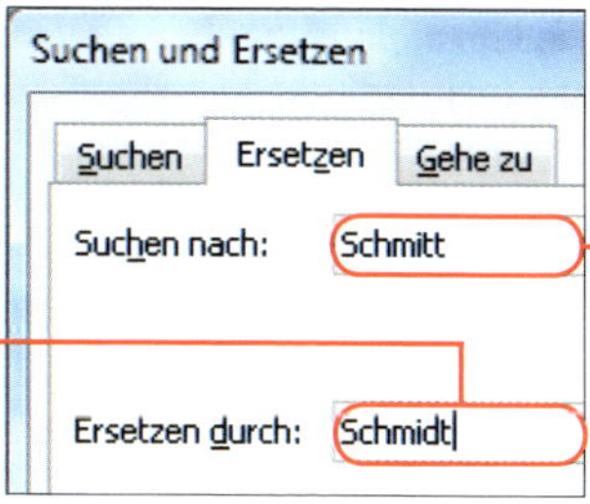

3 Mit einem Mausklick auf die Schaltfläche

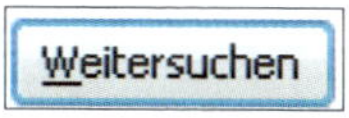

starten Sie den Suchvorgang. Augenblicklich wird in Ihrem Text die erste Fundstelle hervorgehoben.

4 Im weiterhin geöffneten Suchfenster klicken Sie nun auf die Schaltfläche

.

Daraufhin wird der Name ersetzt wie von Ihnen vorgegeben ●, und zudem wird die nächste Fundstelle angezeigt: ●.

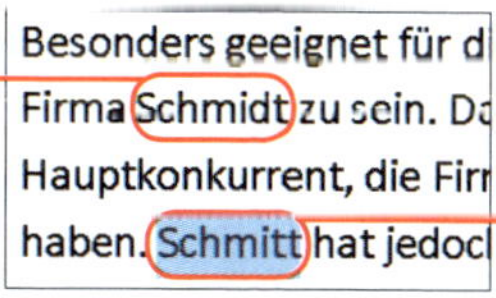

5 Anschließend klicken Sie einfach erneut auf

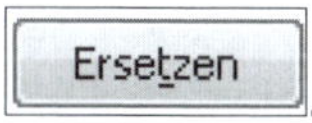

.

Diese Arbeitsschritte wiederholen Sie so oft, bis Word Ihnen meldet, dass der Suchvorgang abgeschlossen ist, also im Beispielfall kein „Schmitt“ mehr zu finden ist. Diese Meldung nehmen Sie per Klick auf

zur Kenntnis.

6 Sollten Sie an einer bestimmten Stelle Ihres Dokuments *keine* Ersetzung wünschen, klicken Sie statt auf

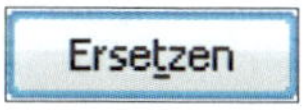

auf die Schaltfläche

.

An dieser Stelle bleibt der ursprüngliche Text dann stehen, Ihnen wird aber dennoch der nächste Treffer angezeigt.

7 Sind Sie von vornherein ganz sicher, dass Sie alle Fundstellen korrigieren möchten, können Sie die Ersetzungen auch alle in einem Rutsch ausführen. Klicken Sie in dem Fall im Suchfenster einfach auf die Schaltfläche

.

3 Zeichen und Absätze gestalten

Bei Ihren Texten - egal ob es sich um Briefe, Notizen oder gar Buchmanuskripte handelt - kommt es nicht nur auf den Inhalt, sondern auch auf das Aussehen an. Denken Sie beispielsweise an eine Bewerbung. Ein optisch ansprechend gestaltetes Schreiben wird bei Ihrem potenziellen Arbeitgeber sicherlich mehr Eindruck machen als ein lieblos zusammengebasteltes Papier.

Die Gestaltung eines Textes wird auch Formatierung genannt. Dabei unterscheidet man zwischen Zeichen- und **Absatzformatierung**, um die es in diesem Kapitel geht, und Seitenformatierung, die Thema des folgenden Kapitels ab Seite 54 ist. Doch ganz gleich, um welche Art der **Formatierung** es sich handelt: Vor jeder Formatierung muss Word wissen, auf welchen Teil Ihres Dokuments der nächste Arbeitsschritt angewendet werden soll. Das geschieht durch Setzen von Markierungen.

Im dritten Kapitel dieses Buches erfahren Sie,
- wie Sie Word mitteilen, worauf sich ein Gestaltungsschritt beziehen soll,
- wie Sie Schriften auswählen und gestalten,
- wie Sie die Ausrichtung Ihres Textes bestimmen,
- wie Sie Formatierungsschritte nur einmal ausführen müssen,
- wie Sie ein Telefonsymbol in Ihren Adressblock einfügen,
- wie Sie Formatierungen entfernen
- und wie Ihnen Word beim Gestalten selbstständig behilflich ist.

Kapitel-Wegweiser

Markierungstechniken mit der Maus

Bevor Sie daran gehen, Ihre Texte zu gestalten, ist es notwendig, sich mit den Markierungstechniken zu beschäftigen. Sie müssen Word nämlich mitteilen, auf welchen Teil des Textes eine Gestaltungstechnik angewendet werden soll.

1 Die einfachste Markierungstechnik ist Ihnen vermutlich schon vertraut. Wenn Sie zum Beispiel die Worte

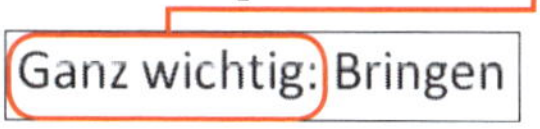

fett hervorheben wollen, setzen Sie die **Einfügemarke** vor den Ausdruck, also an die Stelle ,

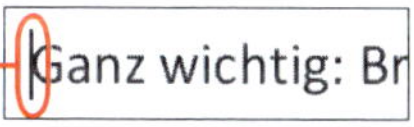

halten die Maustaste gedrückt und führen dann mit weiterhin gedrückter Maustaste eine Ziehbewegung bis zum Ende des Ausdrucks aus. Dort lassen Sie die Maustaste los. An der farbigen Hervorhebung erkennen Sie die Markierung: .

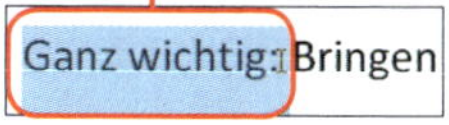

2 Jetzt brauchen Sie nur noch im Start Register der **Multifunktionsleiste** auf

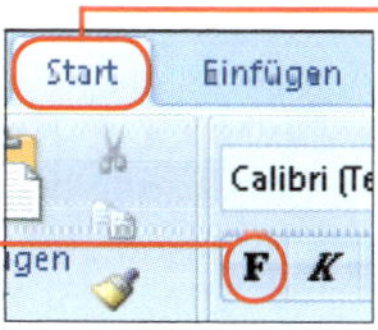

zu klicken. Die beiden Worte werden daraufhin fett hervorgehoben: .

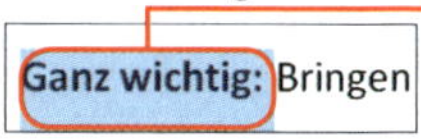

Um die **Markierung** aufzuheben, klicken Sie einfach an eine beliebige Stelle Ihres Dokuments.

In den folgenden Schritten lernen Sie noch Methoden kennen, die exakteres und oft schnelleres Markieren ermöglichen.

3 **Ein Wort markieren:** Ein einzelnes Wort

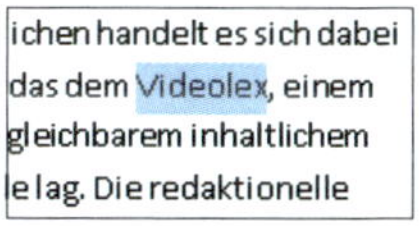

Nicht verbundene Wörter markieren

Wenn Sie dabei die Strg-Taste gedrückt halten, können Sie per **Doppelklick** auch Wörter markieren, die nicht miteinander verbunden sind.

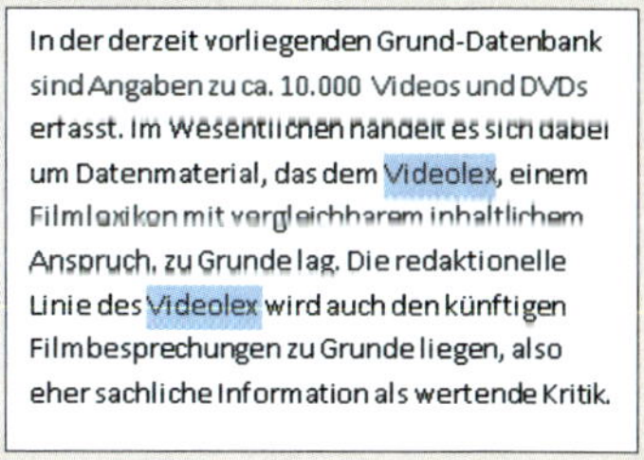
In der derzeit vorliegenden Grund-Datenbank sind Angaben zu ca. 10.000 Videos und DVDs erfasst. Im Wesentlichen handelt es sich dabei um Datenmaterial, das dem Videolex, einem Filmlexikon mit vergleichbarem inhaltlichem Anspruch, zu Grunde lag. Die redaktionelle Linie des Videolex wird auch den künftigen Filmbesprechungen zu Grunde liegen, also eher sachliche Information als wertende Kritik.

markieren Sie am einfachsten mit einem Doppelklick, also indem Sie es zweimal kurz hintereinander anklicken.

4 **Einen Satz markieren:** Um einen Satz zu markieren,

beispielsweise auch nach Schauspieler oder Regisseur durchsuchen. Er erfährt auf diese Weise, ob es einen bestimmten Film überhaupt auf Video oder DVD gibt. Im Erfolgsfall erhält er dann eine Anzeige, in welcher Videothek er diesen Film bekommen kann. Natürlich hat er aber auch die

halten Sie die Strg-Taste gedrückt und klicken dann auf ein beliebiges Wort des Satzes. Das Satzende erkennt Word am abschließenden Punkt oder Ausrufezeichen.

5 **Eine Zeile markieren:** Führen Sie den Mauszeiger links neben den Textrand, verändert er seine Form und wird zu einem schräg nach rechts oben weisenden Pfeil: ●.

werden. In dieser Filmdatenbank werden Filme gelistet, die bei den angeschlossenen Videotheken als VHS-Video oder auf DVD ausgeliehen werden können. Naturgemäß wird es sich bei diesen Videotheken um so

Sobald Sie nun klicken, wird die entsprechende Zeile markiert.

werden. In dieser Filmdatenbank werden Filme gelistet, die bei den angeschlossenen Videotheken als VHS-Video oder auf DVD ausgeliehen werden können. Naturgemäß wird es sich bei diesen Videotheken um so genannte Programmvideotheken handeln, um

6 **Einen Absatz markieren:** Absatzmarkierungen benötigen Sie in der täglichen Arbeit recht häufig.

In dieser Filmdatenbank werden Filme gelistet, die bei den angeschlossenen Videotheken als VHS-Video oder auf DVD ausgeliehen werden können.

Naturgemäß wird es sich bei diesen Videotheken um so genannte Programmvideotheken handeln, um Verleiher also, die sich jenseits des tagesaktuellen Filmgeschehens auch als Sammler und Bewahrer von Raritäten oder als Anbieter von Filmen außerhalb des Mainstream-Geschmacks verstehen.

Als langjährigem Betreiber einer solchen Programmvideothek sind dem Initiator des Projektes die Schwierigkeiten des sinnvollen Zugänglichmachens einer solchen Sammlung bestens vertraut.

Klicken Sie dazu entweder dreimal kurz hintereinander auf ein beliebiges Wort innerhalb des Absatzes. Oder führen Sie den Mauszeiger links neben den Absatz, bis er seine Form verändert ●,

als VHS-Video oder auf DVD ausgeliehen werden können.

Naturgemäß wird es sich bei diesen Videotheken um so genannte Programmvideotheken handeln, um Verleiher also, die sich jenseits des tagesaktuellen Filmgeschehens auch als Sammler und Bewahrer von Raritäten oder als Anbieter von Filmen außerhalb des Mainstream-Geschmacks verstehen.

Als langjährigem Betreiber einer solchen Programmvideothek sind dem Initiator des Projek-

und klicken Sie dann zweimal kurz hintereinander.

7 **Das gesamte Dokument markieren:** Wenn Sie links neben dem Textrand dreimal kurz hintereinander klicken, markieren Sie das komplette Dokument.

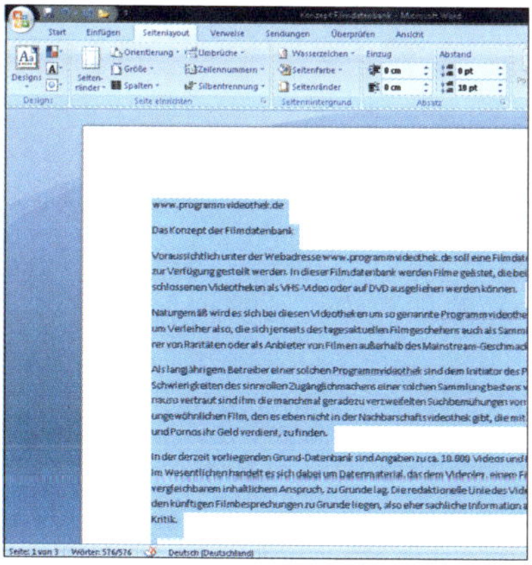

Alternativ können Sie im Start-Register der Multifunktionsleiste rechts auf den Eintrag und anschließend in der aufklappenden Auswahlliste auf

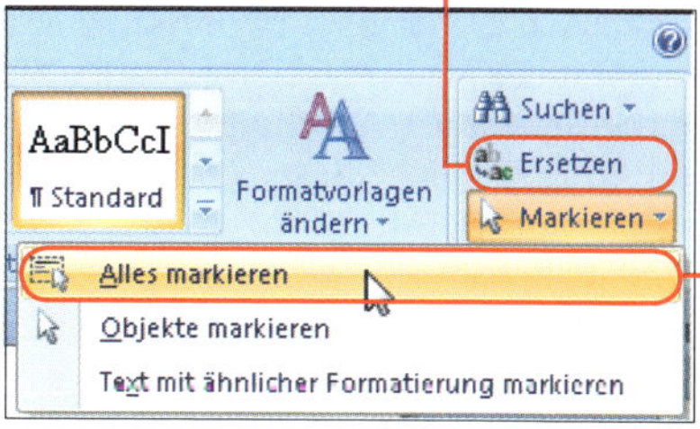

klicken.

Versehentliches Ersetzen rückgängig machen

Wenn Sie ein Textstück bereits markiert haben und dann versehentlich eine Taste drücken, wird die Markierung durch diese ungeplante Eingabe ersetzt. Aber keine Angst: Sie müssen den betreffenden Text nicht etwa noch einmal tippen. Klicken Sie einfach in der Symbolleiste für den Schnellzugriff auf .

Damit können Sie jede Aktion in Word 2007 zurücknehmen. Denselben Effekt erzielen Sie übrigens mit der Tastenkombination Strg und Z.

Falls Sie nicht nur einen, sondern mehrere Schritte rückgängig machen wollen, klicken Sie auf den nach unten weisenden Pfeil neben dem Rückgängig-Symbol: .

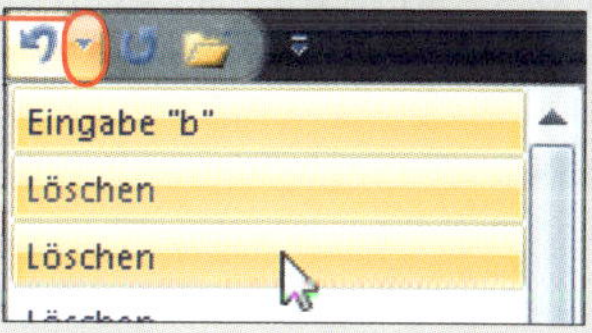

Daraufhin wird eine Liste mit den zuletzt ausgeführten Aktionen geöffnet. Per Mausklick können Sie dann mehrere Schritte auf einen Schlag rückgängig machen.

Und wer bei dieser Gelegenheit aus Versehen zu viel des Guten getan hat, steht auch nicht im Regen: Durch Anklicken des Symbols

wiederholen Sie die zuletzt ausgeführte Aktion, die Sie rückgängig gemacht haben.

Markieren mit Tastenkombinationen

Wie Sie beliebige Textstücke von einem einzelnen Zeichen bis hin zu einer großen Textpassage über mehrere Absätze hinweg mit der Maus markieren, haben Sie bereits im vorigen Abschnitt erfahren. In der Praxis stößt diese Technik aber manchmal an ihre Grenzen. Wenn Sie nämlich zum Beispiel längere Textpassagen, womöglich über Seitengrenzen hinweg, markieren wollen, kann es schnell passieren, dass die Seitenanzeige ins Rollen gerät und Sie den Mauszeiger nicht mehr exakt platzieren können. Auf jeden Fall ist dann die Markierung mithilfe der Umschalttaste ⇧ einfacher.

1 Ein Zeichen markieren: Um etwa ein einzelnes Zeichen zu markieren, positionieren Sie die Einfügemarke vor das Zeichen

und drücken dann die ⇧-Taste und zusätzlich auf die →-Taste. Sobald Sie die Umschalttaste loslassen, ist das Zeichen markiert.

2 Von der Einfügemarke bis zum Dokumentende markieren: Positionieren Sie die Einfügemarke im Text, zum Beispiel am Anfang des vorletzten Absatzes ●,

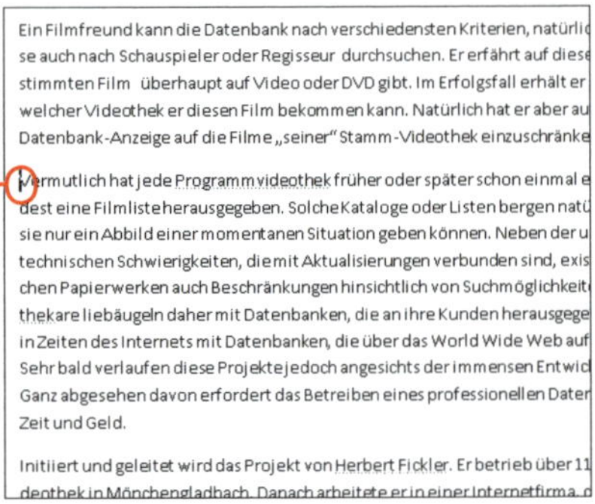

Ein Filmfreund kann die Datenbank nach verschiedensten Kriterien, natürli
se auch nach Schauspieler oder Regisseur durchsuchen. Er erfährt auf dies
stimmten Film überhaupt auf Video oder DVD gibt. Im Erfolgsfall erhält er
welcher Videothek er diesen Film bekommen kann. Natürlich hat er aber au
Datenbank-Anzeige auf die Filme „seiner" Stamm-Videothek einzuschränke

Vermutlich hat jede Programmvideothek früher oder später schon einmal e
dest eine Filmliste herausgegeben. Solche Kataloge oder Listen bergen natü
sie nur ein Abbild einer momentanen Situation geben können. Neben der u
technischen Schwierigkeiten, die mit Aktualisierungen verbunden sind, exis
chen Papierwerken auch Beschränkungen hinsichtlich von Suchmöglichkeit
thekare liebäugeln daher mit Datenbanken, die an ihre Kunden herausgege
in Zeiten des Internets mit Datenbanken, die über das World Wide Web auf
Sehr bald verlaufen diese Projekte jedoch angesichts der immensen Entwic
Ganz abgesehen davon erfordert das Betreiben eines professionellen Dater
Zeit und Geld.

Initiiert und geleitet wird das Projekt von Herbert Fickler. Er betrieb über 11

und drücken Sie dann die ⇧-Taste und zusätzlich gleichzeitig Strg und Ende. Schon sind die beiden Absätze markiert.

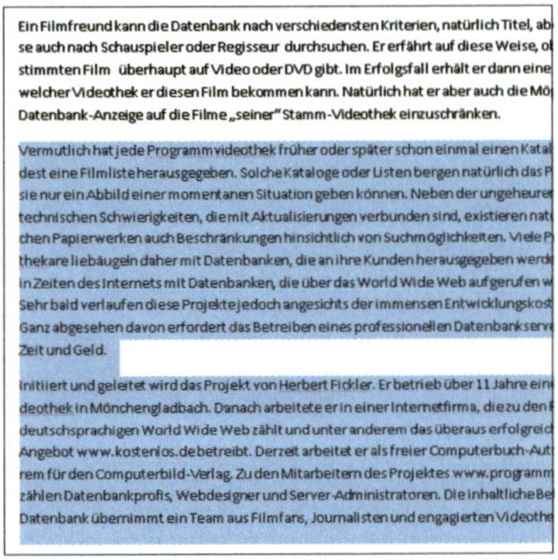

Ein Filmfreund kann die Datenbank nach verschiedensten Kriterien, natürlich Titel, ab
se auch nach Schauspieler oder Regisseur durchsuchen. Er erfährt auf diese Weise, o
stimmten Film überhaupt auf Video oder DVD gibt. Im Erfolgsfall erhält er dann eine
welcher Videothek er diesen Film bekommen kann. Natürlich hat er aber auch die Mö
Datenbank-Anzeige auf die Filme „seiner" Stamm-Videothek einzuschränken.

Vermutlich hat jede Programmvideothek früher oder später schon einmal einen Katal
dest eine Filmliste herausgegeben. Solche Kataloge oder Listen bergen natürlich das P
sie nur ein Abbild einer momentanen Situation geben können. Neben der ungeheure
technischen Schwierigkeiten, die mit Aktualisierungen verbunden sind, existieren nat
chen Papierwerken auch Beschränkungen hinsichtlich von Suchmöglichkeiten. Viele P
thekare liebäugeln daher mit Datenbanken, die an ihre Kunden herausgegeben werd
in Zeiten des Internets mit Datenbanken, die über das World Wide Web aufgerufen w
Sehr bald verlaufen diese Projekte jedoch angesichts der immensen Entwicklungskost
Ganz abgesehen davon erfordert das Betreiben eines professionellen Datenbankserv
Zeit und Geld.

Initiiert und geleitet wird das Projekt von Herbert Fickler. Er betrieb über 11 Jahre ein
deothek in Mönchengladbach. Danach arbeitete er in einer Internetfirma, die zu den
deutschsprachigen World Wide Web zählt und unter anderem das überaus erfolgreic
Angebot www.kostenlos.de betreibt. Derzeit arbeitet er als freier Computerbuch-Aut
rem für den Computerbild-Verlag. Zu den Mitarbeitern des Projektes www.programm
zählen Datenbankprofis, Webdesigner und Server-Administratoren. Die inhaltliche Be
Datenbank übernimmt ein Team aus Filmfans, Journalisten und engagierten Videoth

3 Ein beliebiges Textstück markieren: Schließlich können Sie auch noch die ⇧-Taste und die Maus kombinieren. Positionieren Sie die Maus am Anfang des zu markierenden Bereichs, etwa ●, drücken Sie dann [⇧], und klicken Sie danach ans Ende des zu markierenden Bereichs ●.

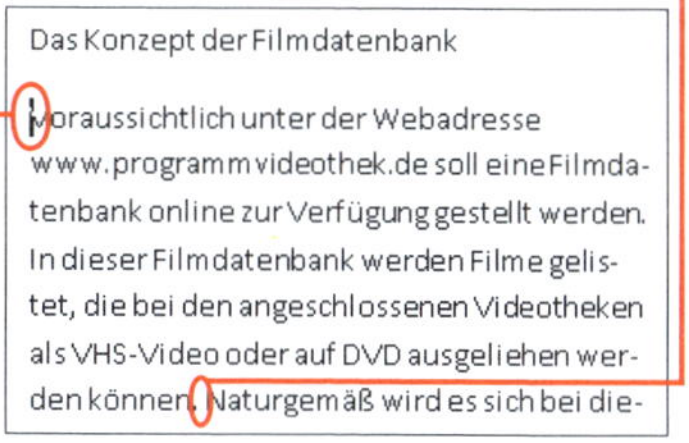

Schon ist dieser Abschnitt markiert.

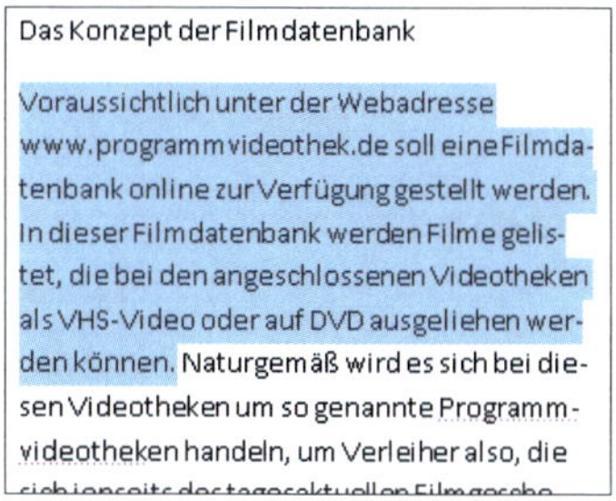

Schriftbilder und Zeichen gestalten

Unter Zeichenformatierung versteht man die Gestaltung von Buchstaben, Zahlen und Satzzeichen, kurz allen Textelementen, die Sie eintippen können. Die wichtigsten Zeichenformatierungen erreichen Sie ganz fix über Befehle im Start-Register der Multifunktionsleiste.

1 Wie Sie wissen, können Sie nach dem Anlegen eines leeren Dokuments sofort Text eintippen. Der Text erscheint dabei in der Standardschrift. Wollen Sie stattdessen eine andere Schrift verwenden, markieren Sie zunächst Ihr gesamtes Dokument.

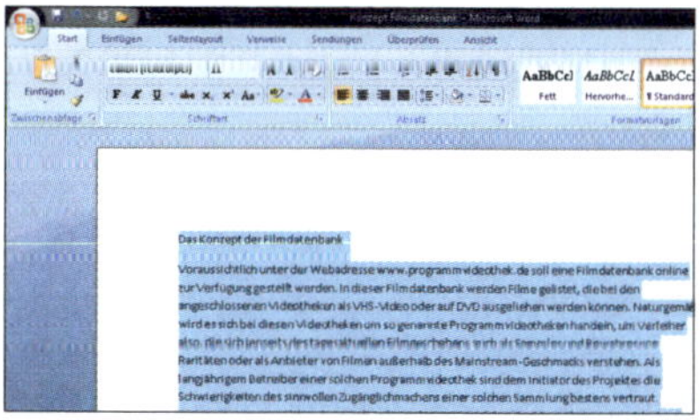

2 Klicken Sie dann auf den nach unten weisenden Pfeil neben dem Schrift-Auswahlfeld ●,

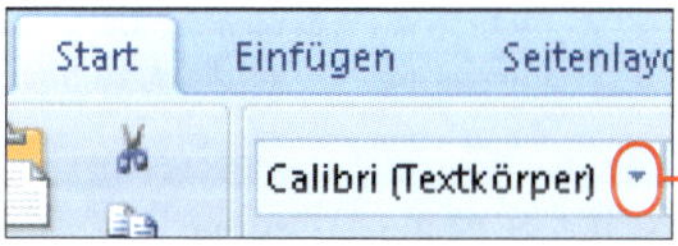

damit unterhalb der angezeigten Standardschrift eine Liste mit diversen Schriftarten aufklappt.

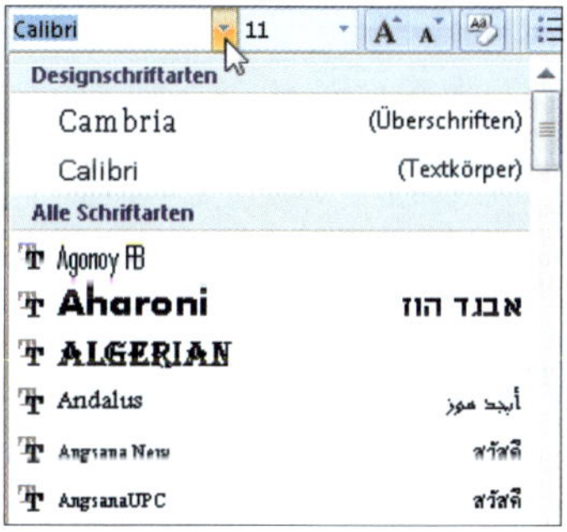

3 Word hilft Ihnen dabei, eine geeignete Schrift auszuwählen. Denn wenn Sie den Mauszeiger über einen Eintrag führen, etwa ●,

wird Ihr Text als Vorschau in der entsprechenden Schriftart eingeblendet. Sie können also einfach verschiedene Varianten ausprobieren. Erst wenn Sie einen Eintrag anklicken, beispielsweise ●,

wird die jeweilige Schrift dem Text endgültig zugewiesen.

4 Die Vorschaufunktion steht Ihnen auch beim Festlegen der Schriftgröße (oft auch als Schriftgrad bezeichnet) zur Verfügung. Klicken Sie neben dem Zahlenfeld auf den Pfeil ● und führen den Mauszeiger über eine der Zahlen in der geöffneten Liste, etwa ●,

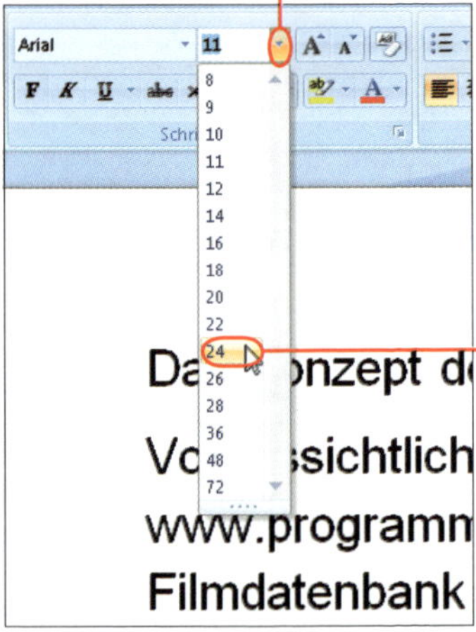

können Sie gleich sehen, wie sich die neue Schriftgröße auswirken würde. Ebenfalls per Mausklick wählen Sie die Schriftgröße dann aus. Die Schriftgröße wird in „Punkt" angegeben. In der Beispielabbildung sehen Sie also eine „24-Punkt-Schrift".

5 Auch die wichtigsten Hervorhebungen erreichen Sie über das Start-Register der Multifunktionsleiste. Mit einem Mausklick auf das jeweilige Symbol

können Sie (in der Reihenfolge von links nach rechts) zuvor markierten Text fett

oder kursiv (also mit schräg gestellten Buchstaben)

hervorheben oder sogar unterstreichen.

Bei diesen Formatierungsmöglichkeiten spricht man auch vom Schriftschnitt.

6 Text lässt sich ganz nach Wunsch auch farbig darstellen. Um eine Farbpalette zu öffnen, klicken Sie neben dem bunt unterstrichenen A auf den nach unten weisenden Pfeil

und dann auf die Farbe, die Sie verwen-

Unterstreichen ganz individuell

Nach einem Klick auf den nach unten weisenden Pfeil neben dem Unterstreichen-Symbol

öffnet sich eine Liste mit verschiedenen Arten von Unterstrichen. Per Mausklick können Sie sich für die Form, die Ihnen am besten gefällt, entscheiden.

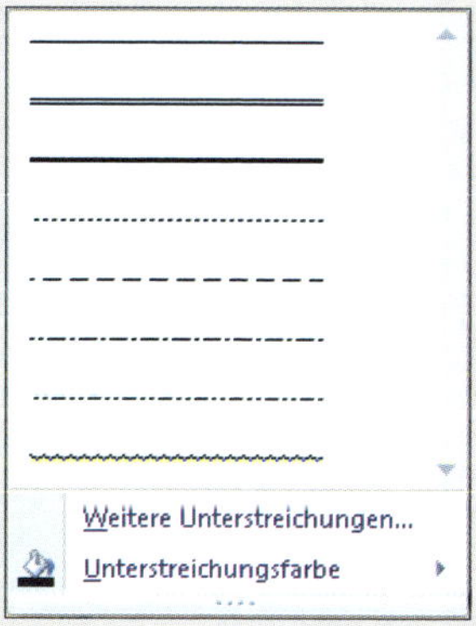

Und wenn Sie den Mauszeiger über den Eintrag

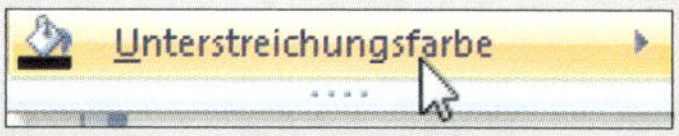

führen, können Sie sogar die Strichfarbe auswählen.

den möchten, beispielsweise .

7 Die zuletzt ausgewählte Farbe, im Beispiel also Lila,

erscheint immer als Balken unter dem Farb-Symbol. Wenn Sie diese Farbe bei der nächsten Formatierung erneut verwenden wollen, brauchen Sie also nicht erst (per Klick auf den Pfeil) die Farbpalette zu öffnen, sondern können gleich auf

klicken. Analog zur Festlegung der Schriftfarbe können Sie Text auch durch einen farbigen Hintergrund hervorheben. Klicken Sie also beispielsweise auf ,

wird Ihr Text mit einer Hintergrundfarbe versehen, als wenn Sie einen Textmarker verwendet hätten.

8 Neben diesen unmittelbar über die Multifunktionsleiste zugänglichen Befehlen gibt es noch eine Fülle weiterer Zeichenformatierungsmöglichkeiten. Auf diese können Sie zugreifen, wenn Sie rechts neben dem Eintrag „Schriftart“ auf den kleinen schräg nach rechts unten weisenden Pfeil

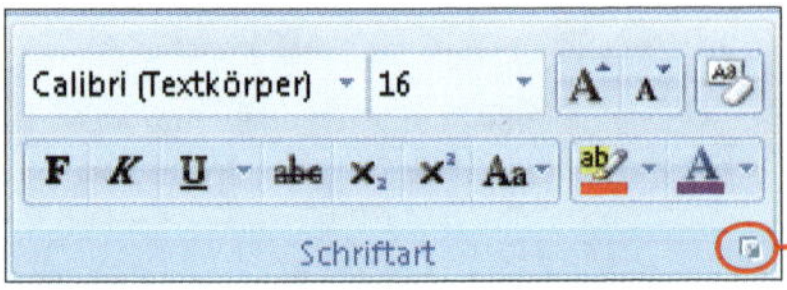

klicken.

9 Im Fenster, das daraufhin geöffnet wird, stehen Ihnen zum einen alle Formatierungsmöglichkeiten zur Verfügung, die Sie auch über die Multifunktionsleiste auswählen können, beispielsweise die Schriftart .

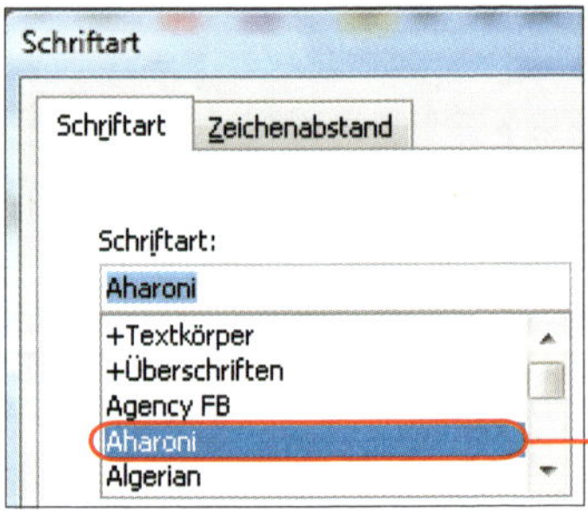

Zusätzlich gibt es aber noch etliche Gestaltungsmöglichkeiten, die Sie vermutlich nicht so häufig benötigen und die deshalb nicht in der Multifunktionsleiste erscheinen. Wenn Sie Text beispielsweise als **Kapitälchen** darstellen möchten, setzen Sie per Mausklick einen Haken in das entsprechende Kästchen ●.

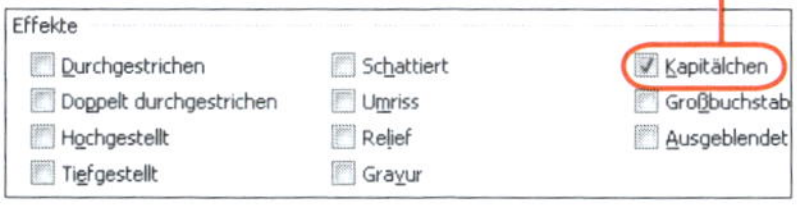

10 Im Vorschaubereich des Fensters bekommen Sie wieder einen Eindruck davon, wie sich Ihre Formatierungen auswirken würden.

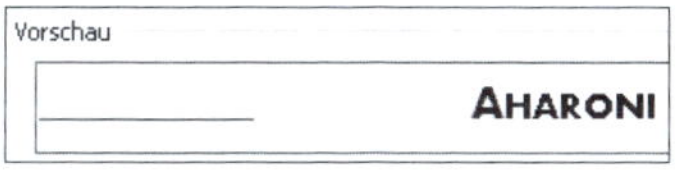

Sollten Sie mit dem Ergebnis einverstanden sein, klicken Sie zur Bestätigung einfach auf die Schaltfläche

.

Alternativer Zugriff auf Zeichenformatierungen

Es gibt noch eine zweite Möglichkeit, auf Zeichenformatierungen zuzugreifen. Wenn Sie nämlich den Mauszeiger über markierten Text führen, werden die wichtigsten Gestaltungsmöglichkeiten in einer Leiste eingeblendet.

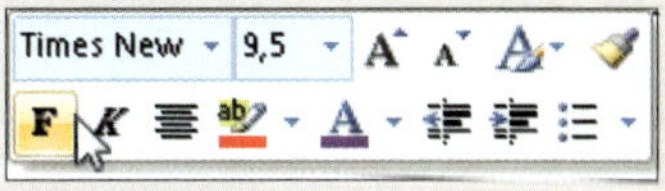

Und falls Sie das Fenster mit allen Zeichenformatierungen benötigen (siehe Schritt 9), klicken Sie mit der rechten (!) Maustaste in die Markierung und anschließend im Kontextmenü auf ●.

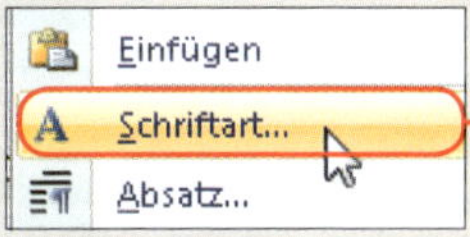

Sie bekommen dann ebenfalls das Fenster von Schritt 9 angezeigt.

Formatierungen übertragen und schnell ändern

In der Praxis kommt es recht häufig vor, dass Sie eine Formatierung nicht nur an einer Stelle des Textes anwenden möchten. Angenommen, Sie wollen alle Zwischenüberschriften größer und fett gestalten, damit sie sich vom Lauftext abheben. Die entsprechenden Formatierungsschritte brauchen Sie dabei nur einmal auszuführen. Dann können Sie sie bequem auf die anderen Überschriften übertragen, wie Sie in diesem Abschnitt sehen werden.

Was aber, wenn Sie nach dem Abschluss Ihrer Gestaltungsarbeiten feststellen, dass Ihnen die Überschriften in dieser Form nicht recht gefallen? Müssen Sie dann etwa alle Arbeitsschritte wiederholen? Nein, denn auch für diesen

Fall hält Word eine praktische Hilfsfunktion bereit.

1 Im Beispiel soll die Formatierung der ersten Überschrift ● auf die anderen Überschriften ● übertragen werden.

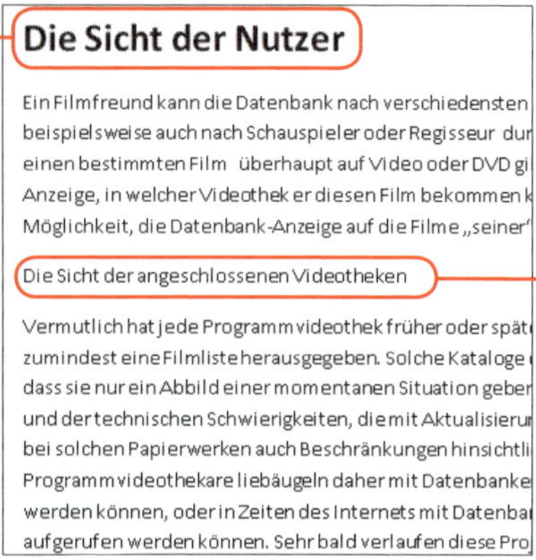

2 Setzen Sie dazu als Erstes die Einfügemarke in die formatierte Überschrift ●,

und klicken Sie danach im Start-Register der Multifunktionsleiste auf das Pinselsymbol ●.

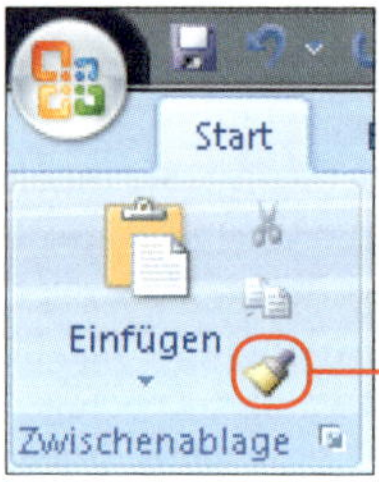

Das Symbol erscheint daraufhin „eingedrückt",

und auch der Mauszeiger verändert sein Aussehen.

3 Wenn Sie jetzt links neben dem Textrand vor die nächste Überschrift klicken, im Beispiel ●, wird die Formatierung umgehend übertragen: ●.

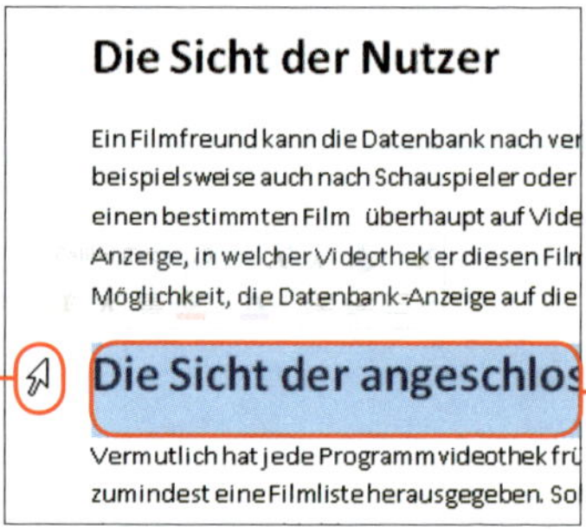

4 Wollen Sie die Formatierung öfter als einmal übertragen, können Sie auch zweimal kurz hintereinander auf das Symbol

klicken. Es rastet dann gleichsam ein, und Sie können die Formatierung so oft anwenden, bis Sie erneut darauf klicken und die Arretierung auf diese Weise wieder lösen.

5 Wie eingangs erwähnt, kann es natürlich passieren, dass Sie nachträglich noch etwas ändern möchten. So stellen Sie beispielsweise fest, dass Sie – nachdem Sie alle Überschriften einheitlich gestaltet haben – diese Zwischenzeilen nicht nur fett, sondern zusätzlich gerne auch noch kursiv hätten. Nun könnten Sie natürlich eine Überschrift entsprechend ändern und dann wie beschrieben die Formatierung auf die anderen übertragen. Es geht aber auch viel flotter. Setzen Sie zunächst die Einfügemarke in eine Überschrift, etwa ●,

klicken Sie dann neben dem Eintrag „Markieren“ auf den nach unten weisenden Pfeil ●

und in der nachfolgenden Befehlsauswahl auf ●.

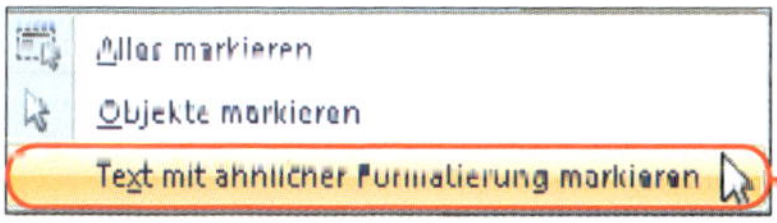

6 Auf einen Schlag haben Sie mit dieser Methode alle Überschriften Ihres Textes markiert ●,

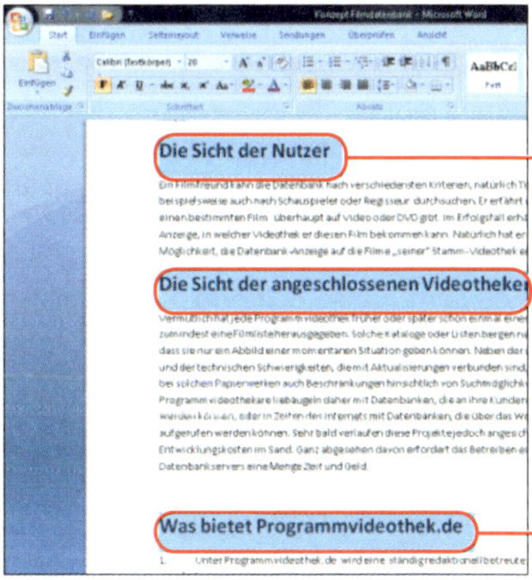

und Sie brauchen nur noch auf

zu klicken, damit die von Ihnen gewünschte Änderung in allen Überschriften umgesetzt wird: ●.

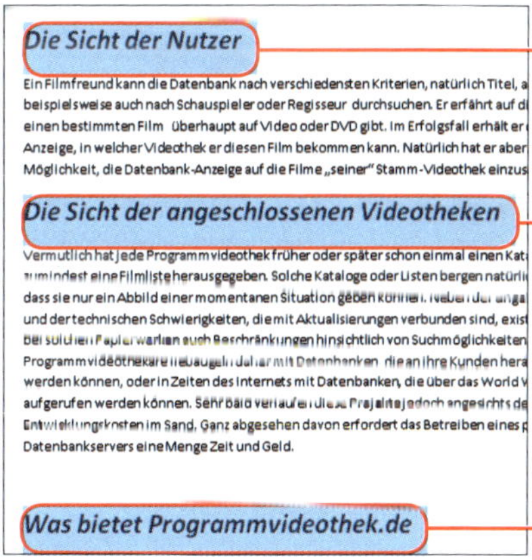

Absätze professionell gestalten

Wie Sie sicher wissen, erzeugen Sie einen neuen Absatz durch Drücken der [↵]-Taste. Alle Gestaltungsschritte, die sich auf einen ganzen Absatz beziehen, nennt man Absatzformatierungen. Die wichtigsten Befehle stehen Ihnen wie bei der Zeichenformatierung im Start-Register der Multifunktionsleiste zur Verfügung. Wollen Sie nur einen Absatz formatieren, genügt es, die Einfügemarke darin zu positionieren. Möchten Sie hingegen mehrere auf einmal gestalten, setzen Sie eine entsprechende Markierung.

1 Die Absatzformatierung, die am häufigsten zum Einsatz kommt, ist die Ausrichtung eines Textes zum Seitenrand. Entsprechend der Reihenfolge der Symbole von links nach rechts richten Sie Text (per Klick auf das jeweilige Symbol) linksbündig, mittig, rechtsbündig oder im Blocksatz aus.

2 Standardmäßig wird Text links ausgerichtet. Das bedeutet, die Zeilenanfänge stehen exakt untereinander: ●.

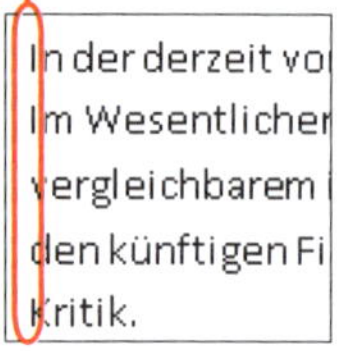

Dagegen sind die Zeilenenden ungleichmäßig, also flatterig. Man spricht daher auch vom Flattersatz: ●.

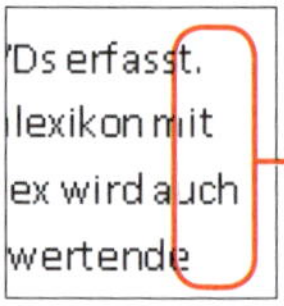

3 Genau andersherum verhält es sich bei rechtsbündig ausgerichtetem Text. Diese Variante können Sie beispielsweise anwenden, um den Adressblock in Ihrem Briefkopf zu positionieren: ●.

4 Überschriften werden häufig mittig ausgerichtet. Das bedeutet, Zeilenanfänge und Zeilenenden sind gleich weit vom linken und vom rechten Rand des Dokuments entfernt.

Beim Blocksatz wiederum, der Ihnen bei Zeitungen häufig begegnet, liegen Zeilenanfänge und Zeilenenden direkt untereinander: ●.

5 Neben der Textausrichtung gibt es noch eine Fülle weiterer Gestaltungsmöglichkeiten, die sich auf Absätze beziehen. So können Sie Ihr Dokument etwa durch Aufzählungen, Nummerierungen oder Listen strukturieren. Die entsprechenden Befehlssymbole

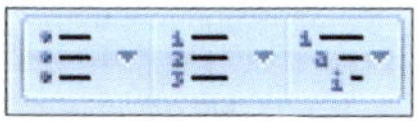

befinden sich ebenfalls im Start-Register der Multifunktionsleiste. Klicken Sie auf den nach unten weisenden Pfeil neben dem jeweiligen Symbol, beispielsweise bei einer Aufzählung ●,

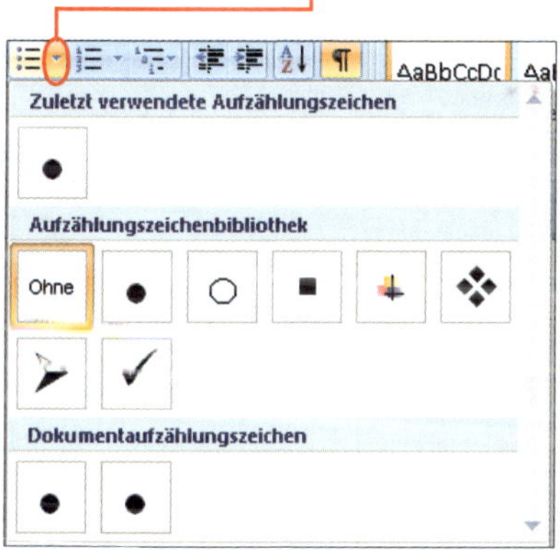

können Sie das Aussehen der entsprechenden Gliederungselemente bestimmen.

6 Durch Mausklicks auf das jeweilige Symbol können Sie Einzüge schrittweise verkleinern ● oder vergrößern ●.

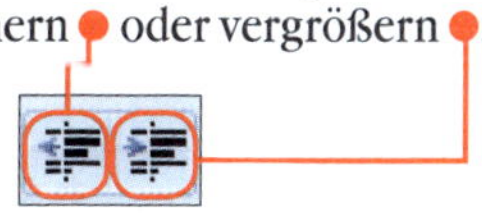

Zeilenabstände sowie Abstände zwischen Absätzen können Sie nach Anklicken des Symbols

festlegen. Nach einem Klick auf

werden Rahmenlinien um markierten Text gezogen. Damit können Sie also auch komplette Kästen gestalten.

7 Falls Sie es noch genauer wollen, klicken Sie neben dem Eintrag „Absatz" auf den kleinen schräg nach unten weisenden Pfeil ●.

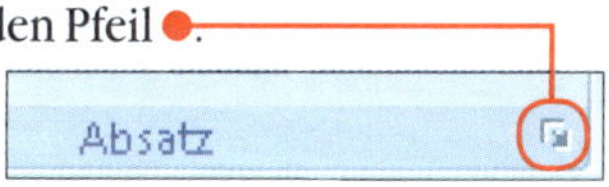

Im Registerfenster, das daraufhin erscheint, können Sie Einzüge und Abstände (siehe Schritt 6) noch detaillierter bestimmen oder auch das Verhalten von Absätzen in Bezug auf Umbrüche definieren.

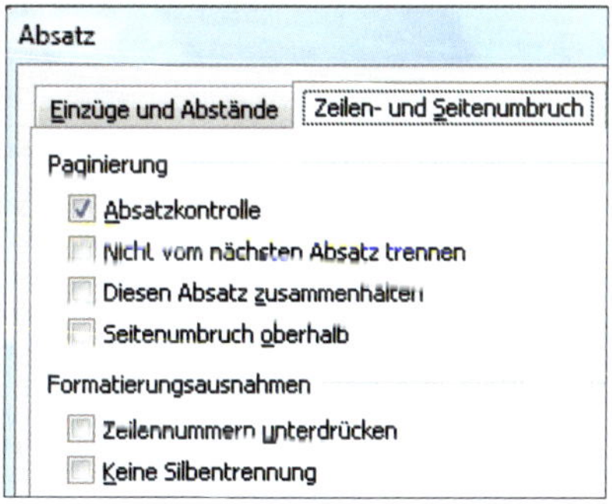

8 Damit Sie genau bestimmen können, was passiert, wenn Sie die Tabulatortaste drücken, klicken Sie unten in diesem Registerfenster auf die Schaltfläche

.

(Lassen Sie sich nicht durch die englische Bezeichnung der Schaltfläche verwirren. Tabstopp bedeutet Tabulatorschaltung.) Anschließend können Sie Einzelheiten dazu festlegen.

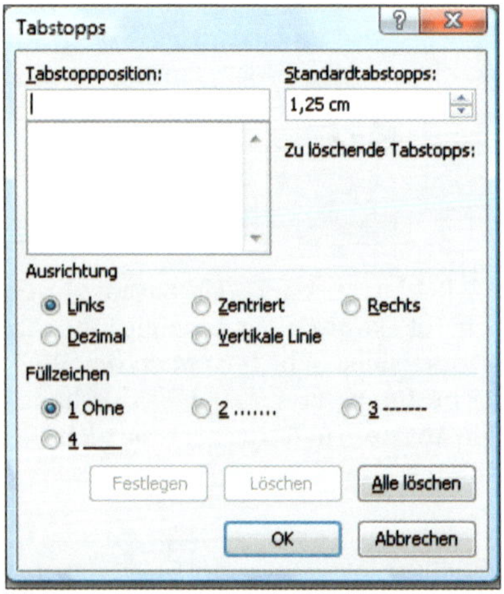

Absatzmarken anpassen

Bei der Formatierung von Absätzen kann es hilfreich sein, sich die normalerweise nicht sichtbaren Absatzmarken anzeigen zu lassen. Klicken Sie dazu in der Multifunktionsleiste auf

.

Dann sehen Sie überall dort, wo Sie durch Drücken der einen Absatz abgeschlossen haben, dieses Symbol: .

Auch andere Zeichen, die sonst nicht sichtbar sind, können Sie nun sehen. Leerzeichen sind zum Beispiel als hoch gestellte Punkte zu erkennen: .

Um die normalerweise nicht sichtbaren Zeichen wieder auszublenden, klicken Sie erneut auf

.

Texte mit Symbolen aufpeppen

Mit Word können Sie nicht nur die gängigen Buchstaben und Zahlen eintippen, sondern auch viele Sonderzeichen und Symbole für unterschiedliche Zwecke einfügen.

1 Positionieren Sie die Einfügemarke an der Stelle, an der Sie ein Symbol hinzufügen möchten, und klicken Sie dann in der Multifunktionsleiste auf den Registerreiter

sowie anschließend auf ●.

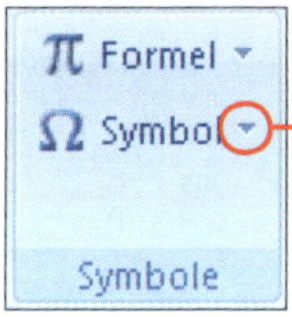

2 Die zuletzt verwendeten Symbole werden Ihnen daraufhin im Schnellzugriff präsentiert. Um auf das komplette Angebot zugreifen zu können, genügt ein Mausklick auf ●.

Im folgenden Fenster finden Sie dann jede Menge Symbole und Sonderzeichen.

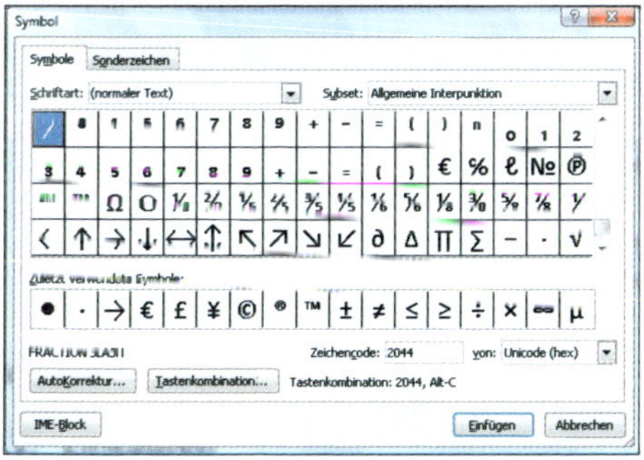

3 Das ist aber noch nicht alles. Word hält nämlich eine Spezialschriftart mit weiteren Symbolen für Sie bereit, und zwar die sogenannten Wingdings. Zugriff darauf erhalten Sie über das Auswahlfeld ●.

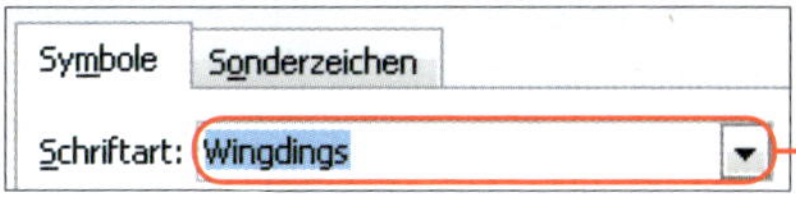

4 Wenn Sie dann beispielsweise auf ● und anschließend auf ●

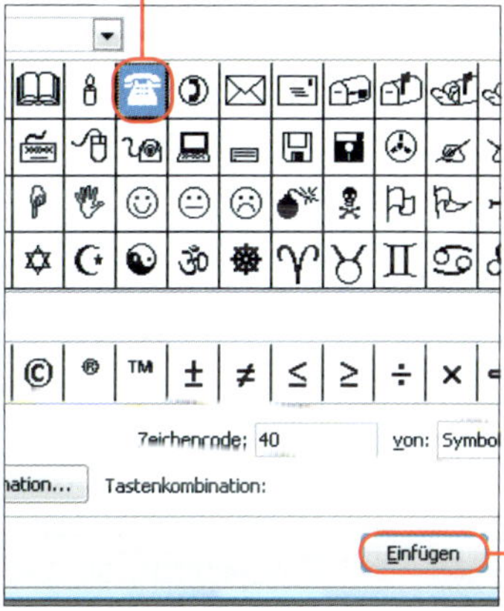

klicken, können Sie ein schickes Telefonsymbol in Ihren Adressblock einfügen: ●.

Formatierungen auf einen Schlag entfernen

Es kann gut sein, dass Sie mit Ihren Gestaltungsarbeiten einmal gar nicht einverstanden sind und am liebsten noch mal ganz von vorne anfangen würden. In einem solchen Fall brauchen Sie nicht jede einzelne Formatierung separat rückgängig zu machen. Das geht auch in einem Rutsch. Markieren Sie einfach den Textabschnitt, aus dem Sie die Formatierungen entfernen wollen, und klicken Sie danach auf das Symbol.

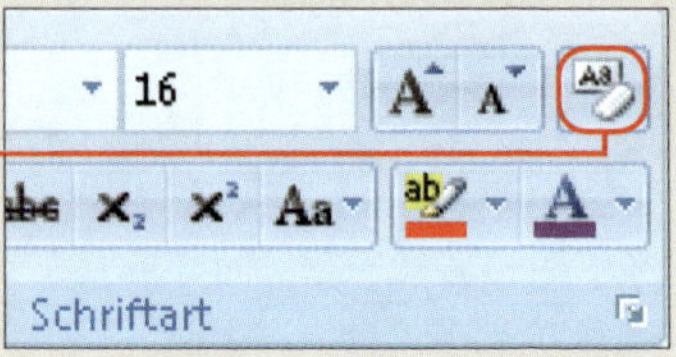

Anschließend bleibt nur der reine Text ohne jede Gestaltung bestehen.

Selbstständiges Formatieren unterbinden

Wie Sie bereits im Kapitel 2 erfahren haben, korrigiert Word automatisch typische Tipp- und Rechtschreibfehler. Das ist aber nicht der einzige Eingriff, den Word an Ihren Texten vornimmt. Auch in die Gestaltung Ihres Textes mischt sich das Programm ohne Ihr Zutun ein. Falls Sie diese Eigenmächtigkeit stört, können Sie diese Autoformat-Funktionen auch abschalten oder eine Änderung zumindest zurücknehmen.

1 Die Autoformat-Funktion, die am meisten ins Auge fällt, betrifft Aufzählungen. Sowie Sie beispielsweise nach der Eingabe von

auf die Leertaste [ ] drücken, interpretiert Word die Zahlenangabe als Beginn einer Aufzählung und rückt die Eingabe automatisch etwas ein:.

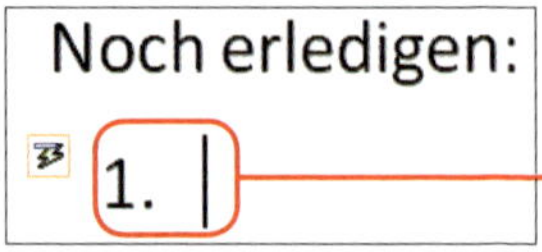

2 Wenn Sie das nächste Mal durch Drücken von [↵] mit einem neuen Absatz anfangen, beginnt Word die nächste Zeile zudem automatisch mit der nächst höheren Zahl:.

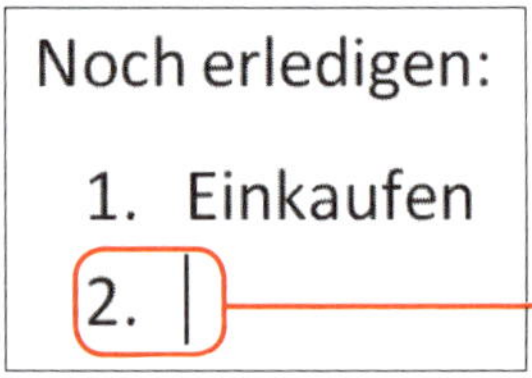

3 Im Beispielfall ist dies durchaus sinnvoll und bietet Ihnen die Möglichkeit, ganz bequem eine optisch ansprechende Liste anzulegen. Es gibt jedoch Situationen, in denen Sie diese automatische Gestaltung nicht wünschen. Klicken Sie in diesem Fall auf das Symbol, das nach der automatischen Formatierung sichtbar wird: ●.

4 Im Menü, das daraufhin geöffnet wird, können Sie die Formatierung nur in diesem konkreten Fall rückgängig machen, indem Sie auf ● klicken. Oder Sie klicken auf ●,

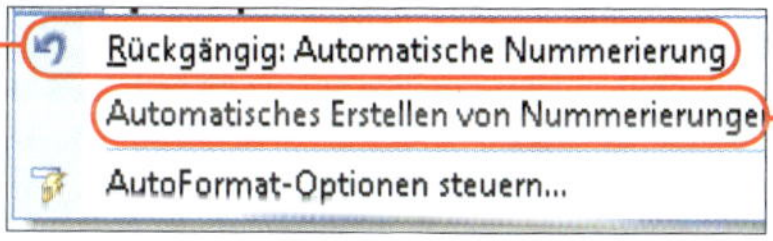

um diese Funktion generell abzuschalten.

Autoformat-Funktionen steuern

Wenn Sie in der Befehlsauswahl von Schritt 4 der nebenstehenden Anleitung auf

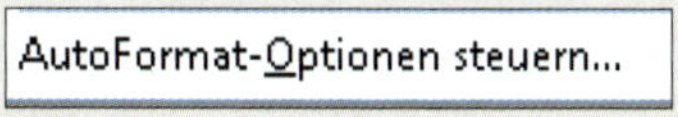

klicken, wird das Autokorrektur-Registerfenster angezeigt (siehe Seite 28). Das passende Register befindet sich bereits im Bildschirmvordergrund: ●.

Hier können Sie durch Setzen von Auswahlhaken festlegen, in welchen Fällen sich Word automatisch in die Gestaltung einschalten soll. Befindet sich beispielsweise im Kästchen ●

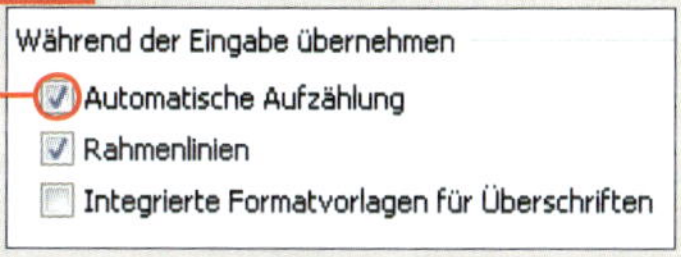

ein Haken, greift Word ein, sobald es den Beginn einer Aufzählung vermutet, wie in den Schritten 1 und 2 dieser Anleitung gezeigt.

4 Seiten professionell einrichten

Neben der Zeichen- und **Absatzformatierung**, die im vorigen Kapitel behandelt wurden, gibt es noch eine dritte Formatierungskategorie: die Seitengestaltung. Dabei bestimmen Sie zum Beispiel die Seitengröße oder das Seitenformat. Aber das ist natürlich längst nicht alles. Bis ins kleinste Detail können Sie das Aussehen Ihres Dokuments festlegen – etwa Text mehrspaltig darstellen, Bundstege einfügen oder die Seitenumbrüche steuern. Je nachdem, ob es sich um einen Rohentwurf handelt, der noch überarbeitet werden muss, oder ob Sie eine Urkunde oder ein Bewerbungsschreiben gestalten wollen: Für jede Art von Dokument können Sie eine geeignete Darstellung wählen.

Im vierten Kapitel dieses Buches erfahren Sie,
- wie Sie ein Türschild im Querformat gestalten,
- wie Sie den Platz auf Ihren Seiten optimal ausnutzen,
- wie Sie einen Korrekturrand einrichten,
- wie Sie Ränder sinnvoll verbreitern, damit Sie den Ausdruck abheften können,
- wie Sie ein Dokument zweispaltig formatieren,
- wie Sie die Silbentrennung bis ins Detail steuern
- und wie Sie Ihr Dokument mit einem Deckblatt schmücken.

Kapitel-Wegweiser

Seitengröße und Ausrichtung festlegen

Das meistgebräuchliche Seitenformat ist DINA4. Es ist daher sinnvoll, dass dies auch die Standardseitengröße in Word ist. Ebenso üblich ist es, Seiten im Hochformat darzustellen. Bei Bedarf können Sie von diesen Vorgaben aber problemlos abweichen.

1 Die Befehle und Optionen rund um die Seitengestaltung sind bei Word 2007 in einem Register in der **Multifunktionsleiste** versammelt. Klicken Sie also als Erstes auf den Registerreiter ●,

damit das entsprechende Register in den Vordergrund rückt. Sofern nichts anderes erwähnt wird, finden Sie auch alle anderen in diesem Kapitel beschriebenen Befehle in diesem Registerfenster.

2 Wenn Sie jetzt eine andere Seitengröße als DINA4 verwenden möchten, beispielsweise DINA5, klicken Sie auf

und anschließend auf den Eintrag ●.

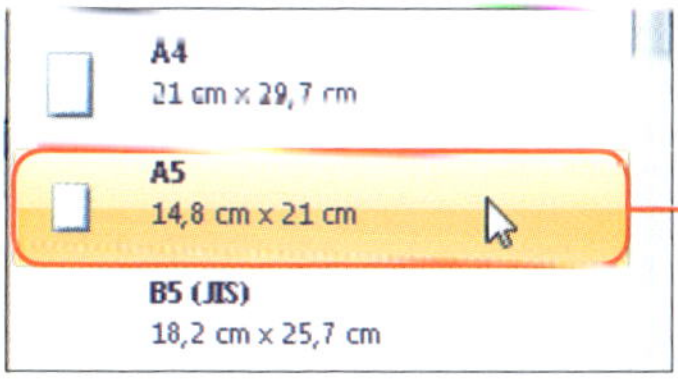

3 Die Seitengröße wird daraufhin in Ihrem Dokument geändert, im Beispiel also von der Größe DINA4

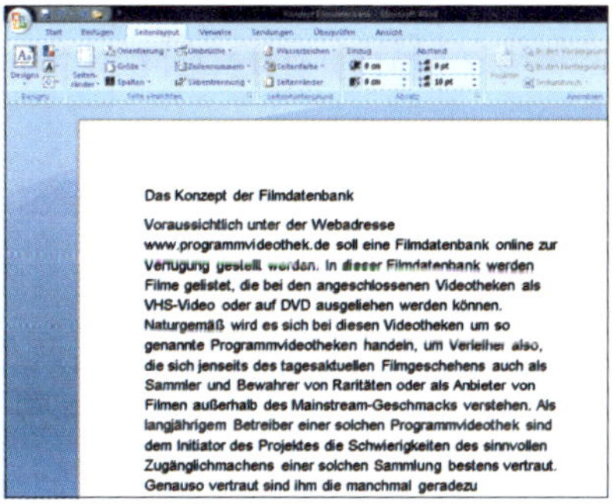

auf das halb so große Seitenformat DINA5.

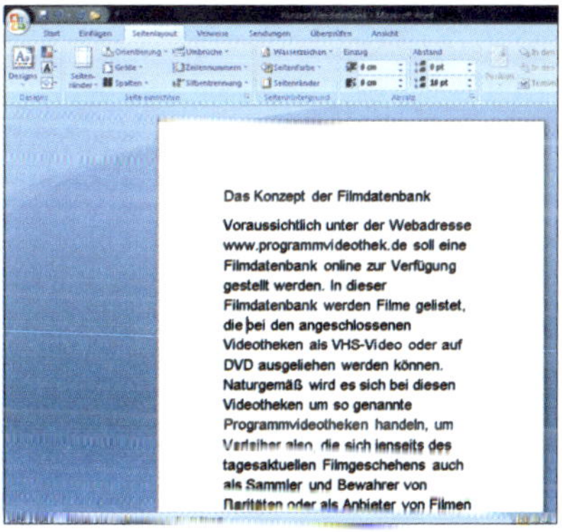

4 Für die meisten Dokumente ist das Hochformat sinnvoll. Es gibt jedoch Fälle, in denen Sie ein Blatt im Querformat ausdrucken wollen, weil Sie damit den Platz besser nutzen können. Falls Sie zum Beispiel einen Zettel mit der folgenden Mitteilung

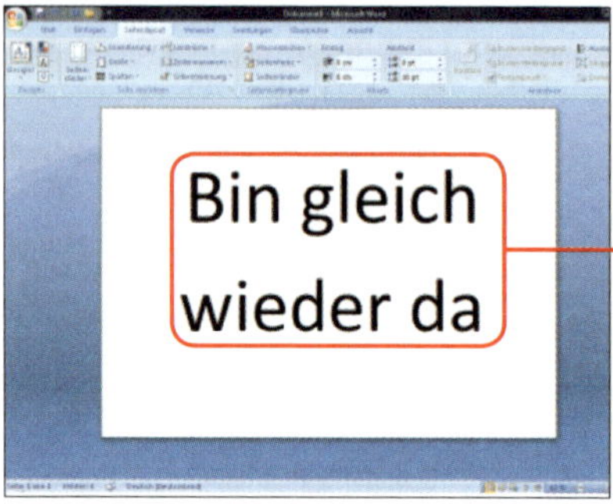

an Ihrer Bürotür anbringen möchten, bietet sich das Querformat an. Um dieses einzustellen, klicken Sie als Erstes auf

und anschließend einfach auf .

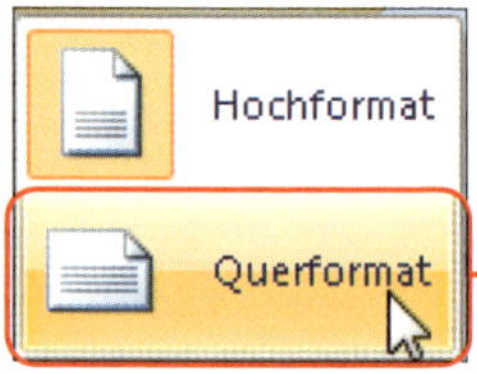

Größe der Seitenränder bestimmen

Die Ränder einer Seite wirken in der Standardeinstellung von Word sehr harmonisch. Meist können Sie daher die Ränder so lassen, wie sie sind. Aber es gibt natürlich auch Situationen, in denen Sie die Vorgabe ändern möchten.

1 Word bietet Ihnen einige vorgefertigte Alternativen zu den Standardeinstellungen, die Sie bequem und schnell anwenden können. Nach einem Mausklick auf das Symbol

öffnet sich die entsprechende Auswahl. Wenn Sie darin beispielsweise auf

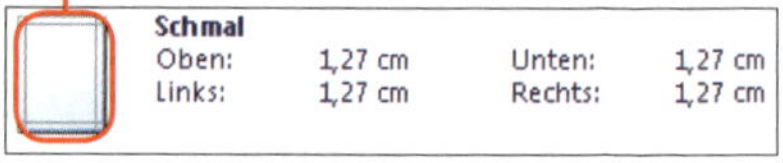

klicken, werden beide Ränder des Blattes verkleinert. Es passt also mehr Text in eine Zeile.

2 Sie können aber auch größere Ränder festlegen. Das ist beispielsweise dann sinnvoll, wenn ein Bereich neben dem Text für handschriftliche Anmerkungen frei bleiben soll. Klicken Sie in diesem Fall auf .

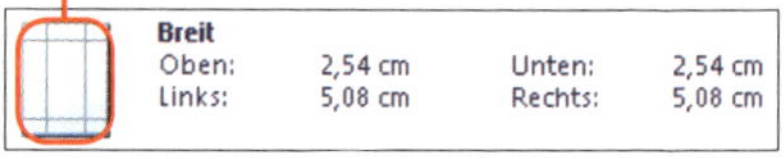

3 Darüber hinaus besteht sogar die Möglichkeit, die Breite der Ränder völlig frei zu bestimmen. Sie brauchen also nicht auf einen der Vorschläge im vorigen Schritt zurückzugreifen. Wollen Sie Ihr Dokument beispielsweise ausdrucken und die Blätter dann abheften, empfiehlt es sich, den linken Rand etwas zu vergrößern. Klicken Sie dazu in der Auswahl ganz unten auf

und überschreiben Sie im nachfolgenden Registerfenster den Wert

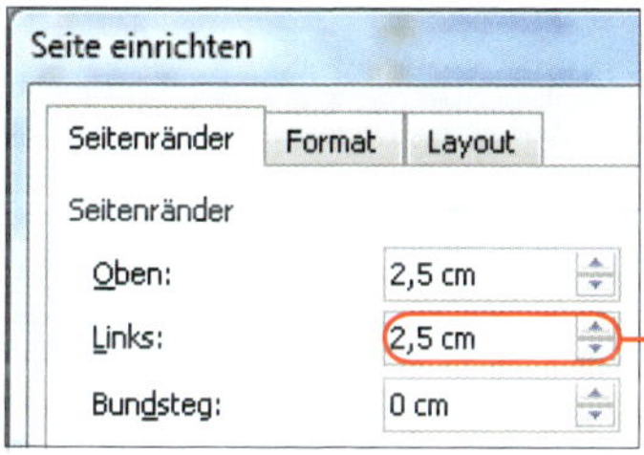

zum Beispiel mit .

4 Der linke Rand ist im Beispiel jetzt einen Zentimeter breiter als der rechte: .

Achten Sie darauf, dass die Änderung auch für das gesamte Dokument gilt,

und klicken Sie dann zur Bestätigung auf

.

5 Falls Sie Ihren Ausdruck abheften wollen, dabei aber sowohl Vorder- als auch Rückseite bedrucken möchten, stellt sich das Problem, dass der Rand auf ungeraden Seiten links, auf geraden aber rechts größer sein muss. Dieses Problem lösen Sie, indem Sie einen sogenannten Bundsteg einrichten. Klicken Sie dazu in der Auswahl, die Sie in Schritt 1 geöffnet haben, auf .

6 Damit Sie die Größe des Bundstegs abweichend von diesem Vorschlag selbst festlegen können, öffnen Sie das Registerfenster aus Schritt 3 und geben die entsprechende Zentimeterzahl ins Feld

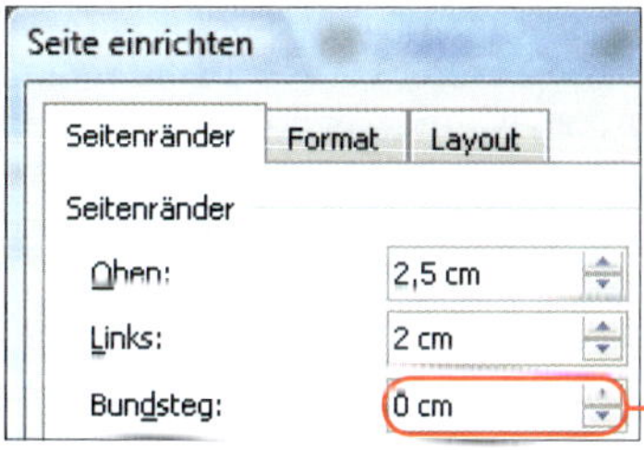

ein. Der Wert, den Sie hier eintragen, gibt an, um wie viel Word den jeweils inneren Rand zusätzlich zum „normalen" Rand der Seite verbreitert.

Dokument mehrspaltig aufteilen

Von Zeitungen, Magazinen oder auch von den COMPUTERBILD-Büchern her kennen Sie mehrspaltigen Satz. Mit wenigen Mausklicks können auch Sie Ihren Texten auf diese Weise einen professionellen Anstrich geben.

1 Angenommen, Sie möchten Ihr Dokument in zwei Spalten darstellen. Die Überschrift

Das Konzept der Filmdatenbank

Voraussichtlich unter der Webadresse www.programmvideothek.de soll eine Filmdatenbank online zur Verfügung gestellt werden. In dieser Filmdatenbank werden Filme gelistet, die bei den angeschlossenen Videotheken als VHS-Video oder auf DVD ausgeliehen werden können. Naturgemäß wird es sich bei diesen Videotheken um so genannte Programmvideotheken handeln, um Verleiher also, die sich jenseits des tagesaktuellen Filmgeschehens auch als Sammler und Bewahrer von Raritäten oder als Anbieter von Filmen außerhalb des Mainstream-Geschmacks verstehen. Als langjährigem Betreiber einer solchen Programmvideothek sind dem Initiator des Projektes die Schwierigkeiten des sinnvollen Zugänglichmachens einer solchen Sammlung bestens vertraut. Genauso vertraut sind ihm die manchmal geradezu verzweifelten Suchbemühungen von Filmfans, einen ungewöhnlichen Film, den es eben nicht in der Nachbarschaftsvideothek gibt, die mit Blockbustern und Pornos ihr Geld verdient, zu finden.

In der derzeit vorliegenden Grund-Datenbank sind Angaben zu ca. 10.000 Videos und DVDs erfasst. Im Wesentlichen handelt es sich dabei um Datenmaterial, das dem Videolex, einem Filmlexikon mit vergleichbarem inhaltlichem Anspruch, zu Grunde lag. Die redaktionelle Linie des Videolex wird auch den künftigen Filmbesprechungen zu Grunde liegen, also eher sachliche Information als wertende Kritik.

Die Sicht der Nutzer

soll jedoch einspaltig bleiben. Setzen Sie daher die **Einfügemarke** an die Stelle, an der der zweispaltige Satz beginnen soll, also vor das erste Wort des Haupttextes: .

2 Als Nächstes klicken Sie in der Multifunktionsleiste auf

.

Wenn Sie vorgehabt hätten, nicht nur einen Teil, sondern Ihr gesamtes Dokument zweispaltig zu setzen, bräuchten Sie in der daraufhin geöffneten Auswahl jetzt nur noch auf

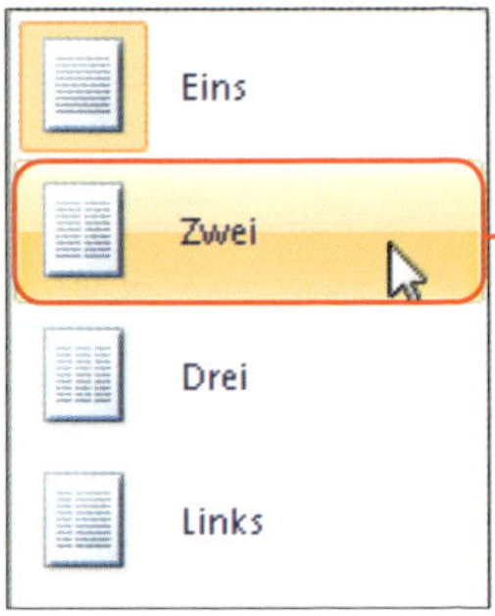

zu klicken. Im Beispiel ist dies allerdings nicht erwünscht, da in dem Fall die Überschrift ebenfalls miteinbezogen würde: .

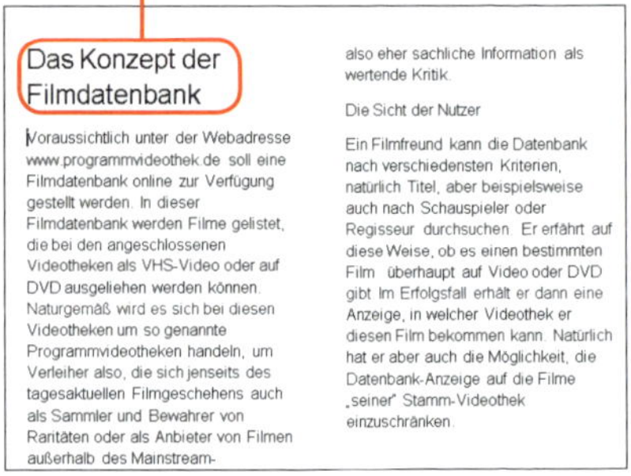
Das Konzept der Filmdatenbank

Voraussichtlich unter der Webadresse www.programmvideothek.de soll eine Filmdatenbank online zur Verfügung gestellt werden. In dieser Filmdatenbank werden Filme gelistet, die bei den angeschlossenen Videotheken als VHS-Video oder auf DVD ausgeliehen werden können. Naturgemäß wird es sich bei diesen Videotheken um so genannte Programmvideotheken handeln, um Verleiher also, die sich jenseits des tagesaktuellen Filmgeschehens auch als Sammler und Bewahrer von Raritäten oder als Anbieter von Filmen außerhalb des Mainstream-

also eher sachliche Information als wertende Kritik.

Die Sicht der Nutzer

Ein Filmfreund kann die Datenbank nach verschiedensten Kriterien, natürlich Titel, aber beispielsweise auch nach Schauspieler oder Regisseur durchsuchen. Er erfährt auf diese Weise, ob es einen bestimmten Film überhaupt auf Video oder DVD gibt. Im Erfolgsfall erhält er dann eine Anzeige, in welcher Videothek er diesen Film bekommen kann. Natürlich hat er aber auch die Möglichkeit, die Datenbank-Anzeige auf die Filme „seiner" Stamm-Videothek einzuschränken.

3 Klicken Sie daher ganz unten auf den Eintrag

und im Fenster, das anschließend erscheint, zunächst auf ●, um zweispaltigen Satz anzuweisen.

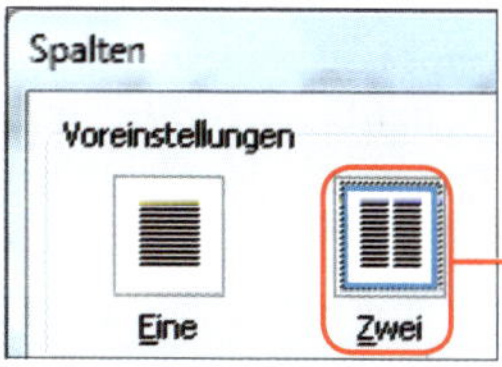

4 Falls Sie im Bereich „Breite und Abstand" den Haken im unteren Kästchen ●

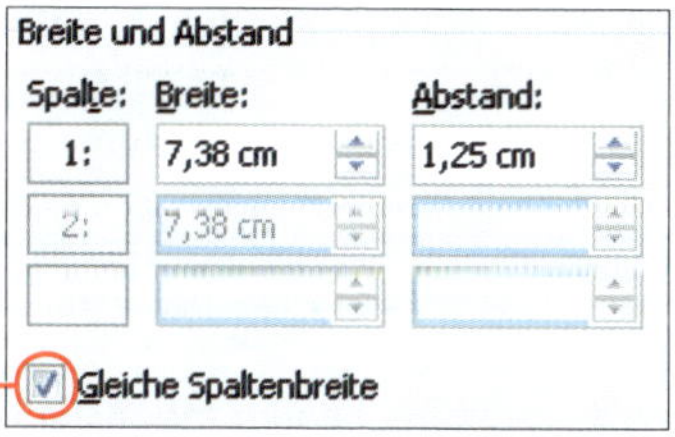

stehen lassen, werden beide Spalten gleich breit. In den Feldern darüber können Sie bei Bedarf von der Größenvorgabe abweichen, indem Sie die Werte überschreiben.

5 Möchten Sie zur deutlicheren Strukturierung, dass die beiden Spalten Ihres Textes durch eine Linie voneinander getrennt werden, klicken Sie in das Kästchen ●,

um einen Haken hineinzusetzen.

6 Ihr Dokument soll nicht komplett zweispaltig erscheinen, sondern erst ab der Stelle, an der Sie in Schritt 1 die Einfügemarke positioniert haben. Klicken Sie daher auf den Pfeil ●

und in der aufklappenden Auswahl auf den Eintrag ●.

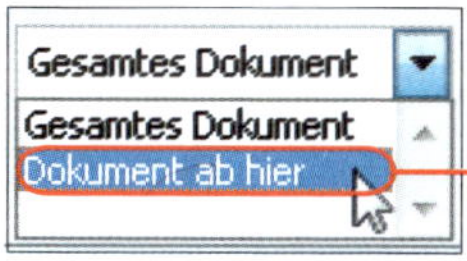

7 Sobald Sie Ihre Eingaben mit einem Mausklick auf die Schaltfläche

bestätigen, wird Ihr Dokument wunschgemäß formatiert.

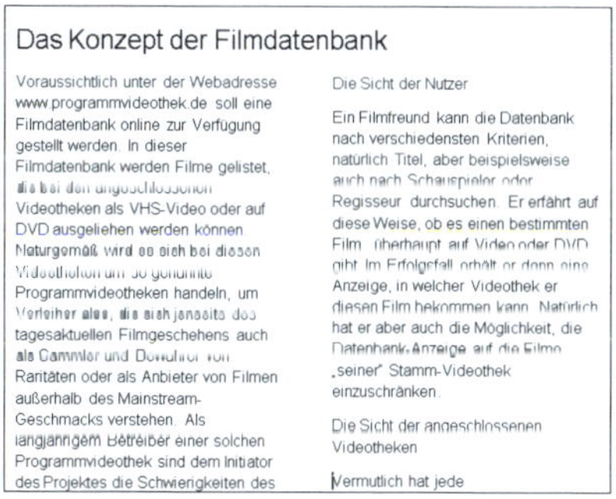

Das Konzept der Filmdatenbank

Voraussichtlich unter der Webadresse www.programmvideothek.de soll eine Filmdatenbank online zur Verfügung gestellt werden. In dieser Filmdatenbank werden Filme gelistet, die bei den angeschlossenen Videotheken als VHS-Video oder auf DVD ausgeliehen werden können. Naturgemäß wird es sich bei diesen Videotheken um so genannte Programmvideotheken handeln, um Verleiher also, die sich jenseits des tagesaktuellen Filmgeschehens auch als Sammler und Bewahrer von Raritäten oder als Anbieter von Filmen außerhalb des Mainstream-Geschmacks verstehen. Als langjährigem Betreiber einer solchen Programmvideothek sind dem Initiator des Projektes die Schwierigkeiten des

Die Sicht der Nutzer

Ein Filmfreund kann die Datenbank nach verschiedensten Kriterien, natürlich Titel, aber beispielsweise auch nach Schauspieler oder Regisseur durchsuchen. Er erfährt auf diese Weise, ob es einen bestimmten Film überhaupt auf Video oder DVD gibt. Im Erfolgsfall erhält er dann eine Anzeige, in welcher Videothek er diesen Film bekommen kann. Natürlich hat er aber auch die Möglichkeit, die Datenbank-Anzeige auf die Filme „seiner" Stamm-Videothek einzuschränken.

Die Sicht der angeschlossenen Videotheken

Vermutlich hat jede

Silbentrennung einschalten

Mithilfe der Silbentrennung nutzen Sie zum einen den Platz auf Ihren Seiten besser aus. Zudem sieht das Schriftbild insgesamt weniger unruhig aus, wenn die Zeilenenden gleichmäßiger verlaufen. Bei zweispaltigem Text wirkt sich die Angleichung noch stärker aus als bei einspaltigem.

1 Um die Silbentrennung einzuschalten, brauchen Sie nur in der Multifunktionsleiste auf

und anschließend auf

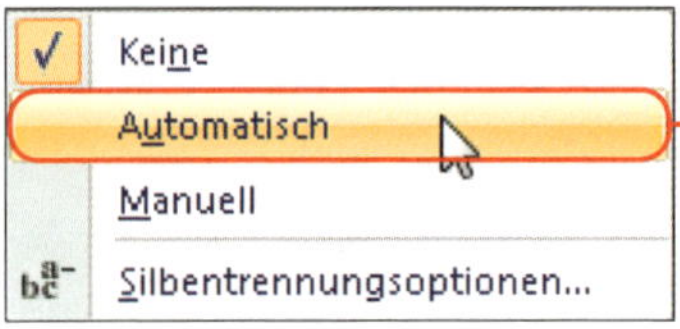

zu klicken. Word führt dann umgehend die Silbentrennung in Ihrem Dokument aus.

2 Vielleicht wollen Sie sich auf diesen Automatismus aber nicht verlassen und die einzelnen Trennungen lieber selbst festlegen. In dem Fall klicken Sie im Auswahlfenster auf

.

Daraufhin unterbreitet Ihnen Word den ersten Trennvorschlag, im Beispiel .

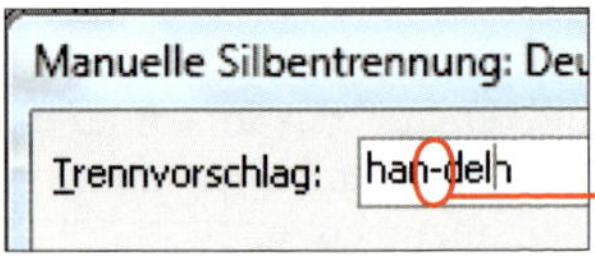

Mit einem Mausklick auf die entsprechende Schaltfläche erklären Sie dann Ihr Einverständnis oder lehnen den Vorschlag ab.

Anschließend macht Ihnen das Programm den nächsten Trennvorschlag.

3 Sie können das Verhalten der Silbentrennung aber auch generell steuern. Klicken Sie in der Auswahl, die Sie in Schritt 1 geöffnet haben, auf

,

damit das entsprechende Optionsfenster angezeigt wird.

4 Wenn Sie nun beispielsweise verhindern möchten, dass Wörter in Großbuchstaben automatisch getrennt werden, dass also etwa Wörter wie UNESCO stets zusammenhängend bleiben, entfernen Sie mit einem Mausklick den Haken aus dem Kästchen .

5 Trennungen sind zwar aus den eingangs erwähnten Gründen sinnvoll. Andererseits können sie aber auch den Lesefluss stören. Ein Kompromiss zwischen Aussehen und Lesbarkeit des Dokuments ist daher meist die beste Lösung. Mit den Standardwerten fahren Sie normalerweise sehr gut. Falls Sie aber davon abweichen wollen, können Sie über den Wert im Feld

bestimmen, in welchem Ausmaß getrennt werden soll. Je niedriger der Wert ist, desto öfter führt Word Trennungen durch. Je höher der Wert, desto seltener trennt Word.

6 Viele Trennstriche untereinander sehen hässlich aus und lassen einen bei der Lektüre schnell den Faden verlieren. Über das Auswahlfeld

können Sie die mögliche Anzahl der Trennstriche beschränken.

! Professionelle Effekte erzielen

Word bietet Ihnen einige Funktionen, die Sie zwar nicht häufig benötigen werden, mit deren Hilfe Sie aber recht professionell wirkende Effekte erzielen können. So haben Sie etwa die Möglichkeit, Seiten farbig darzustellen oder mit Rändern zu versehen. Zudem lässt sich ein Wasserzeichen einfügen. Diese Funktionen erreichen Sie in der Multifunktionsleiste über die gleichnamigen Befehle.

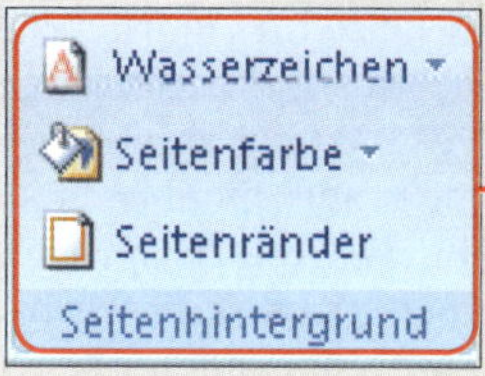

Nachdem Sie alle Einstellungen wunschgemäß vorgenommen haben, klicken Sie auf

.

Seitenumbrüche festlegen

Ebenso wenig wie Sie beim Tippen darauf achten müssen, wann eine neue Zeile beginnt, brauchen Sie sich darum zu kümmern, wann eine Seite voll ist. Word erledigt nämlich nicht nur den Zeilenumbruch, sondern auch den Seitenumbruch für Sie. Es gibt jedoch Fälle, in denen Sie einen Seitenumbruch ganz gezielt einfügen möchten. Zum Beispiel, wenn Sie ein Deckblatt anlegen wollen.

Seitenumbrüche festlegen

1 Im Beispielfall sollen die ersten drei Zeilen des Dokuments

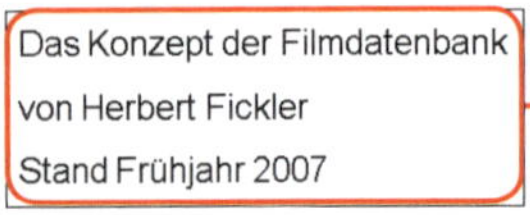

alleine auf der ersten Seite stehen. Der Rest des Textes soll dann auf der zweiten Seite beginnen.

2 Nun könnten Sie ja auf die Idee kommen, nach den drei Zeilen einfach die [↵]-Taste so oft zu drücken, bis der restliche Text auf die nächste Seite verschoben ist. Das hat aber den Nachteil, dass sich der Seitenumbruch jedes Mal verschiebt, wenn Sie beispielsweise den Text auf der ersten Seite ergänzen oder auch nur mit einer anderen Schriftgröße formatieren. Positionieren Sie daher besser die Einfügemarke vor den Text, der auf der nächsten Seite erscheinen soll,

und klicken Sie dann auf

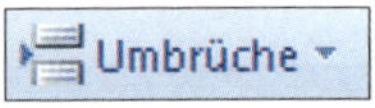

sowie auf den Eintrag.

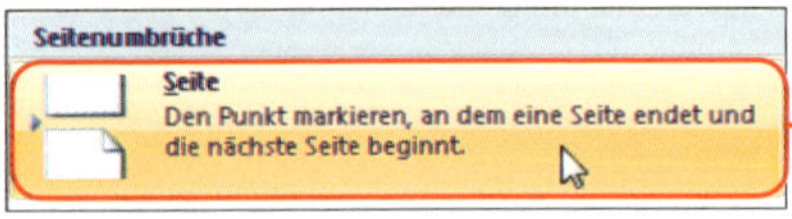

Daraufhin erfolgt ein manueller Umbruch. Die Seiten werden also genauso aufgeteilt, wie Sie es wünschen.

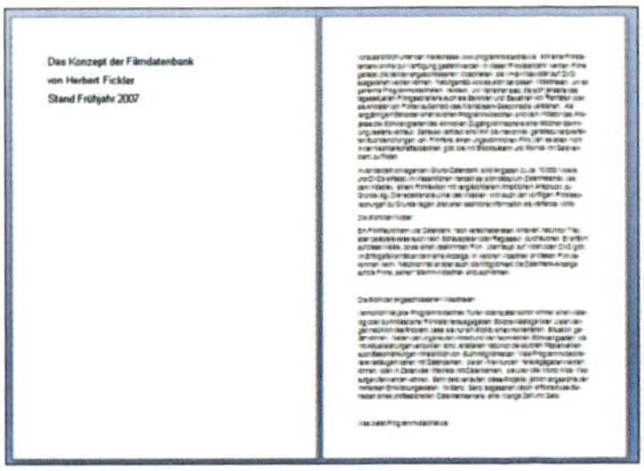

3 Sollten Sie nun bei einer späteren Überarbeitung feststellen, dass Sie diesen Umbruch doch nicht mehr brauchen, gehen Sie wie folgt vor: Klicken Sie als Erstes in der Multifunktionsleiste auf

und anschließend auf

,

um sich die nicht sichtbaren Zeichen in Ihrem Dokument anzeigen zu lassen.

4 Danach klicken Sie vor den jetzt erkennbaren Seitenumbruch, im Beispiel,

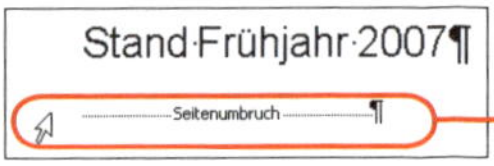

um eine Markierung zu setzen.

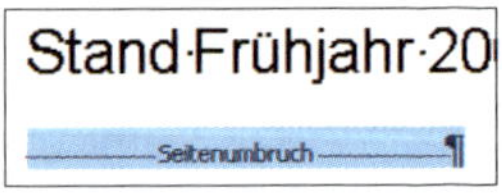

Jetzt brauchen Sie nur noch die [Entf]-Taste zu drücken – und schon ist der manuelle Umbruch wieder entfernt.

5 Dokumente mit Vorlagen erstellen

In den beiden letzten Kapiteln haben Sie erfahren, wie Sie Zeichen, Absätze und ganze Seiten formatieren. Nun könnten Sie sich natürlich einfach merken, wie Sie beispielsweise Kapitelüberschriften hervorheben, und die dazu nötigen Arbeitsschritte dann jedes Mal wiederholen. Bequemer und fehlerfreier erledigen Sie Ihre Gestaltungsarbeiten aber, wenn Sie Vorlagen verwenden. Solche Vorlagen gibt es für jede Formatierungsart, also sowohl für Zeichen und Absätze als auch für Seiten beziehungsweise komplette Dokumente. Gerade Letztere können Ihnen sehr viel Arbeit ersparen, da Sie sozusagen in ein „fertiges Gerüst" reinarbeiten und das Rad nicht jedes Mal neu erfinden müssen. Wenn Sie eine Dokumentenvorlage einmal individuell angepasst haben, speichern Sie sie einfach ab und können sie künftig immer wieder verwenden.

Im fünften Kapitel dieses Buches erfahren Sie,
- wie Sie Ihren Dokumenten mithilfe von Zeichen- und Absatz-Formatvorlagen eine professionelle Optik verleihen,
- wie Sie Formatvorlagen wunschgemäß verändern können,
- wie Sie mithilfe einer Vorlage blitzschnell einen Brief gestalten,
- wie Sie ganz einfach Ihre eigene Briefvorlage erstellen,
- wo Sie Dokumentvorlagen für nahezu jeden Zweck finden
- und wie Sie Ihr Dokument mit einem professionell gestalteten Deckblatt versehen.

Kapitel-Wegweiser

Gestaltungshilfen nutzen

Im vorigen Kapitel wurden Ihnen Formatierungstechniken gezeigt, mit deren Hilfe Sie Ihren Text optisch aufwerten können. So ist es beispielsweise möglich, Überschriften mittig zu setzen und größer darzustellen als den normalen Text. Wenn Ihr Text nun mehrere Überschriften enthält, brauchen Sie die Gestaltung nur ein einziges Mal durchzuführen und können die **Formatierung** dann auf die anderen Überschriften übertragen wie auf Seite 47 geschildert. Sie müssen die einzelnen Arbeitsschritte also nicht jedes Mal wiederholen. Mit Formatvorlagen geht das Ganze aber noch einfacher und professioneller.

1 Im Beispielfall sollen sich die Überschriften ●

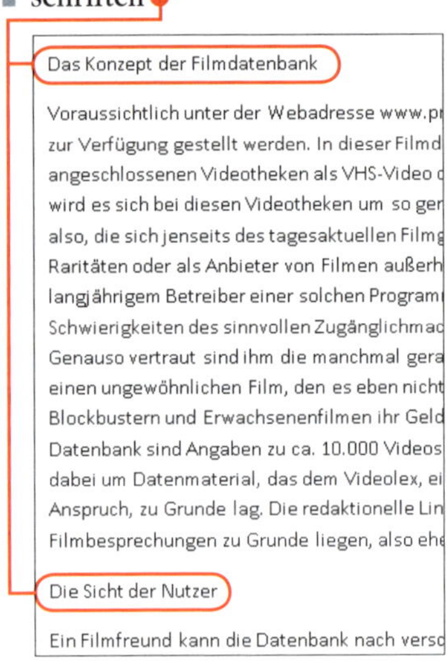

besser vom übrigen Texte abheben. Damit dies geschieht, **markieren** Sie zunächst die erste Überschrift: ●.

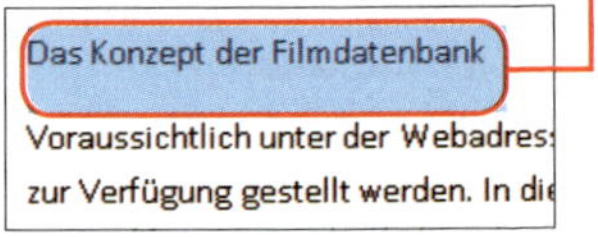

2 Klicken Sie dann in der **Multifunktionsleiste** auf den Registerreiter ●

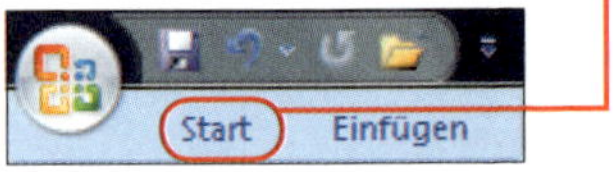

und im gleichnamigen Register, das daraufhin in den Vordergrund rückt, neben dem Eintrag „Formatvorlagen" auf den kleinen nach rechts unten weisenden Pfeil ●.

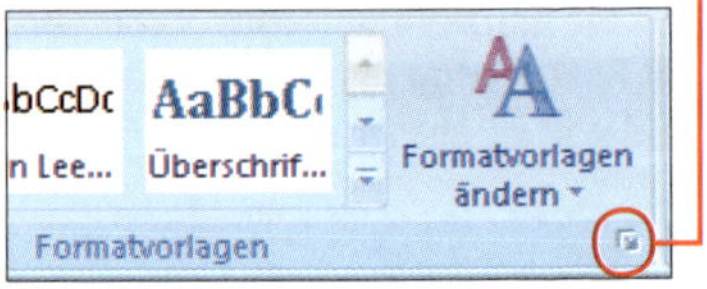

Anschließend werden Ihnen die vorhandenen Formatvorlagen angezeigt. An der jeweiligen Umrandung, im Beispiel ●,

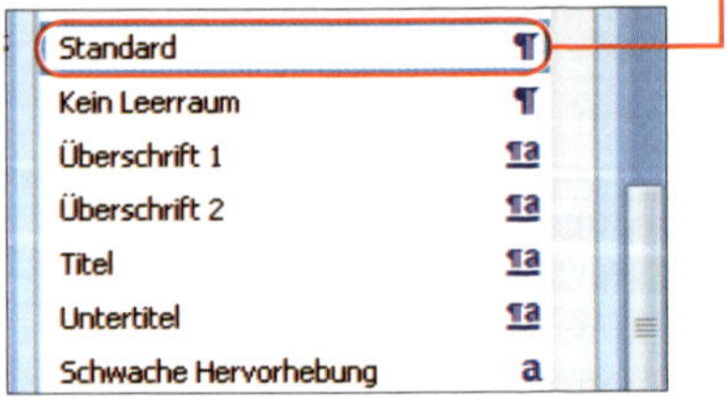

können Sie erkennen, welche davon dem aktuell markierten Text zugrunde liegt. Wie Sie sehen, wenden Sie also bereits ganz automatisch, ohne sich dessen überhaupt bewusst zu sein, eine Formatvorlage an. Wenn Sie keine andere Vorlage wählen, handelt es sich dabei immer um die Standardvorlage.

3 Nun brauchen Sie in der geöffneten Liste der Formatvorlagen nur noch auf den Eintrag

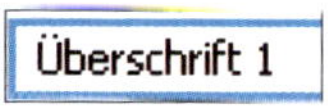

zu klicken - und schon wird die Überschrift in Ihrem Text anders formatiert: ●.

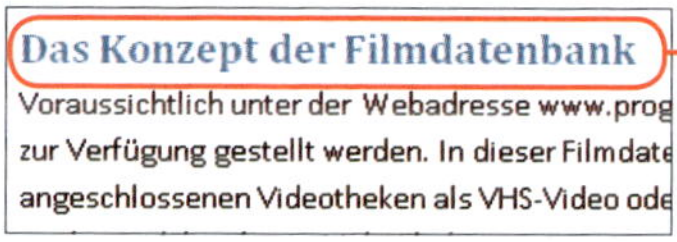

4 Da die Vorlagenauswahl geöffnet bleibt, können Sie jetzt ganz fix auch

Verschiedene Gliederungsebenen beachten

Die Nummerierungen bei den Überschrift-Formatvorlagen stehen für die verschiedenen Gliederungsebenen eines Dokuments. Die Hauptüberschiften sollten Sie daher mit „Überschrift 1", die nächsttiefere Ebene mit „Überschrift 2" und so weiter formatieren. Wie Sie im Kapitel 6 sehen werden, können Sie sich dann blitzschnell einen Überblick über die Struktur Ihres Dokuments verschaffen und bei Bedarf sogar ganz einfach den Aufbau ändern.

Ihrer nächsten Überschrift die Formatvorlage „Überschrift 1" zuweisen. Das Ergebnis: ●.

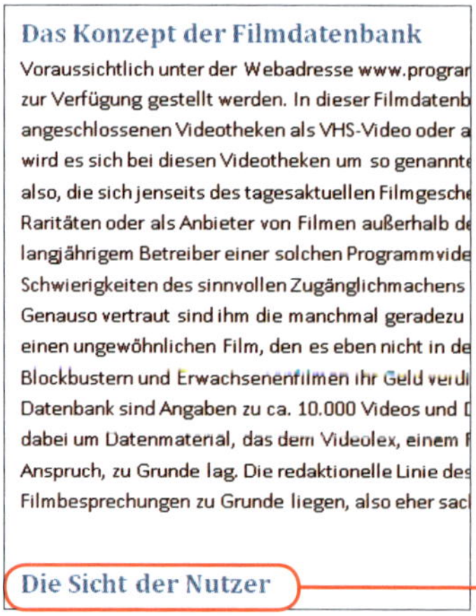

5 Schon am Namen der Formatvorlage können Sie in der Regel erkennen, für welche Zwecke sie am besten geeignet ist. Darüber hinaus bietet Ihnen Word noch zwei weitere Hilfestellungen, um eine geeignete Vorlage ausfindig zu machen. Führen Sie nämlich den Mauszeiger über einen Eintrag, etwa ●, wird eine genaue Beschreibung eingeblendet: ●.

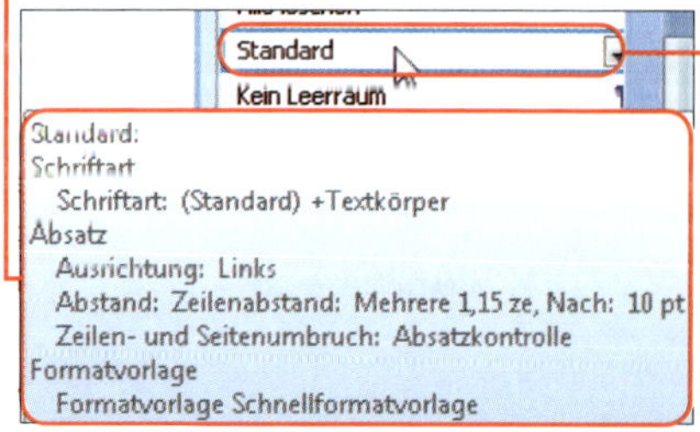

6 Doch damit nicht genug. Wenn Sie unten in der Spalte mit der Vorlagenauswahl in das Kästchen ●

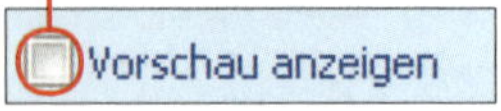

klicken, um einen Haken hineinzusetzen wie in der Abbildung,

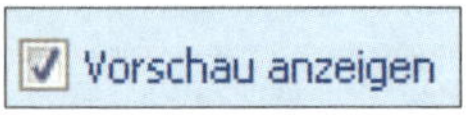

bekommen Sie zusätzlich einen optischen Eindruck von der jeweiligen Formatvorlage.

Schnell auf Vorlagen zugreifen

Es gibt noch eine zweite Möglichkeit, um auf Formatvorlagen zuzugreifen. Denn nach einem Klick auf ●

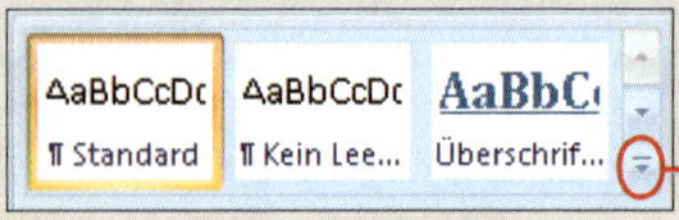

öffnet sich ebenfalls die Vorlagenauswahl. Der Vorteil dieser Variante besteht darin, dass Sie sich in einer Vorschau am besten einen Eindruck davon machen können, wie sich eine bestimmte Formatvorlage auf Ihren Text auswirkt. Führen Sie beispielsweise den Mauszeiger über ●,

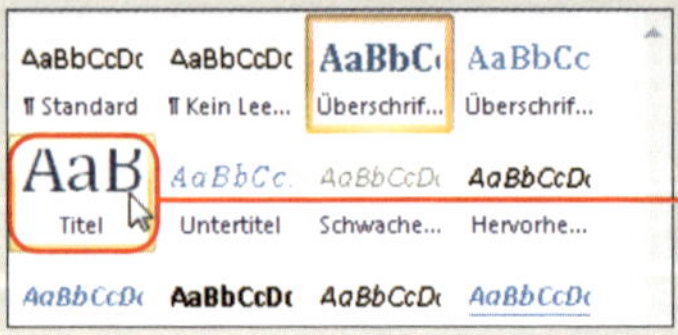

sehen Sie gleich, wie die in Schritt 1 **markierte** Überschrift mit der „Titel"-Formatierung wirken würde.

Per Mausklick können Sie die Vorlage auf Wunsch zuweisen.

Formatvorlagen anpassen

Der Vorteil von Formatvorlagen wird besonders deutlich, wenn Sie Gestaltungsänderungen vornehmen möchten. Dabei haben Sie die Wahl, ob eine Änderung nur in einem konkreten Fall gelten soll oder ob die Vorlage grundsätzlich geändert wird.

1 Im vorigen Abschnitt haben Sie beispielhaft die beiden ersten Überschriften eines Textes mithilfe der Formatvorlage „Überschrift 1“ geändert. Angenommen, Sie wollen diese beiden Überschriften nun zusätzlich unterstreichen. Am einfachsten geht das so: Wiederholen Sie gegebenenfalls Schritt 2 des vorigen Abschnitts, um die Spalte mit den Formatvorlagen anzuzeigen. Führen Sie dann den Mauszeiger über ●,

und klicken Sie auf den dabei sichtbar werdenden Pfeil ●.

2 In der Befehlsauswahl, die sich daraufhin öffnet, folgt ein Mausklick auf den Eintrag ●.

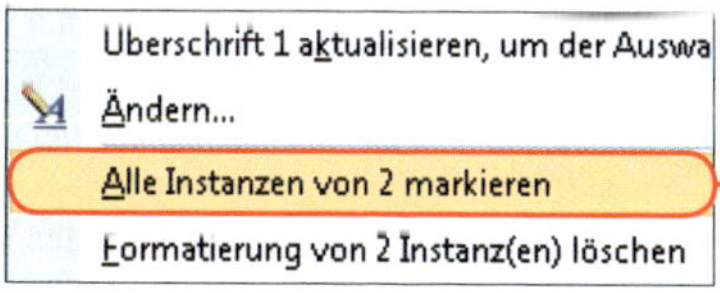

Alle Textstellen, denen Sie die Formatvorlage „Überschrift 1“ zugewiesen haben, werden anschließend markiert.

3 Jetzt brauchen Sie nur noch in der Multifunktionsleiste auf das Symbol

zu klicken – und schon werden diese markierten Stellen unterstrichen: ●.

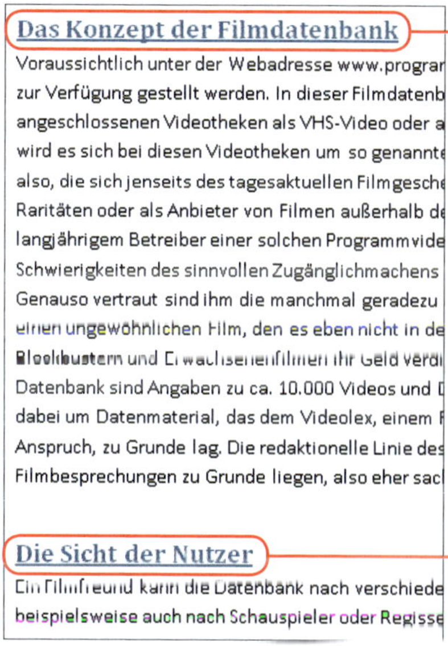

Die Formatvorlage selbst bleibt bei dieser Vorgehensweise aber unverändert. Sollten Sie einer weiteren Überschrift Ihres Textes die Formatvorlage „Überschrift 1“ zuweisen, würde die Unterstreichung fehlen: ●.

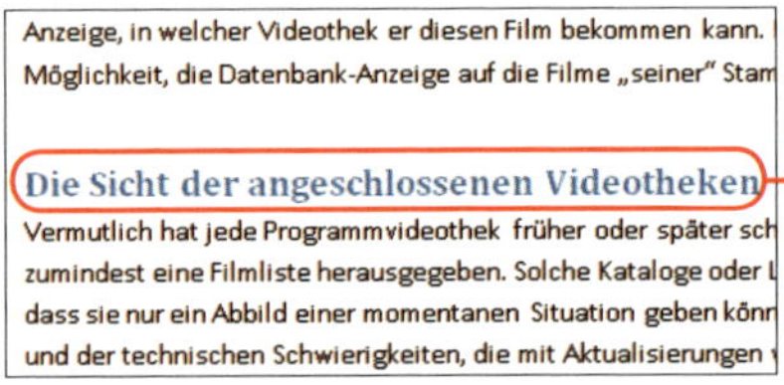

4 Wenn Sie diese Unterstreichungen generell möchten, können Sie die Formatvorlage aber auch ändern. Wiederholen Sie Schritt 1 dieser Anleitung, klicken Sie anschließend in der Befehlsauswahl aber auf ●.

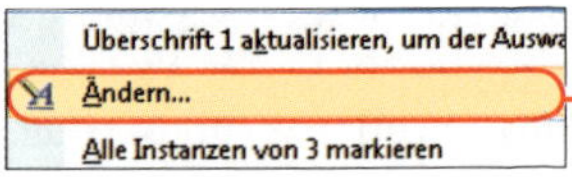

Vorlagenauswahl verschieben

In der Standardeinstellung werden die Formatvorlagen in einer Spalte am rechten Rand Ihrer Arbeitsfläche angezeigt. Es besteht aber auch die Möglichkeit, dieses Fenster zu verschieben. Klicken Sie dazu in die Titelleiste, wobei der Mauszeiger seine Form verändert ●,

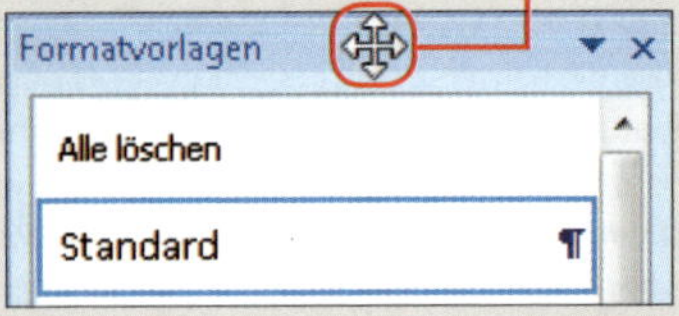

halten Sie die Maustaste gedrückt, und ziehen Sie das Fenster mit weiterhin gedrückter Maustaste an eine andere Stelle, etwa ●.

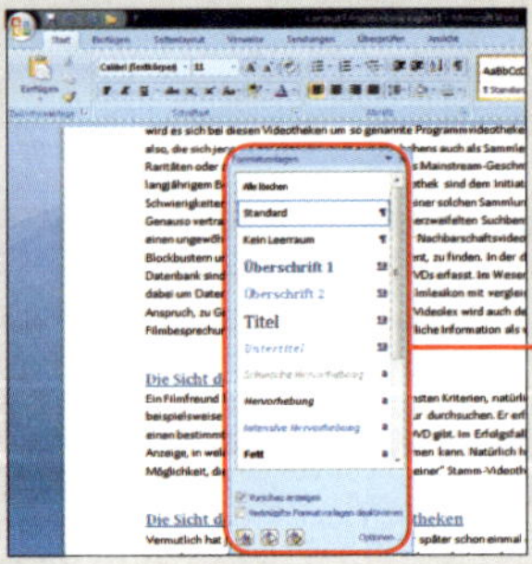

Dann lassen Sie die Maustaste los – fertig. Mithilfe dieser Ziehtechnik können Sie wie üblich auch die Größe des Fensters anpassen. Auch hier verändert der Mauszeiger seine Form, wenn Sie ihn über eine Seitenbegrenzung führen: ●.

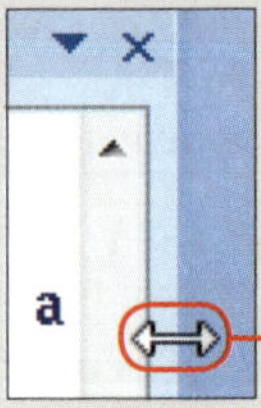

Sobald Sie dann klicken und die Maustaste gedrückt halten, lässt sich die Fenstergröße durch eine Ziehbewegung in die gewünschte Richtung variieren.

Mit den beschriebenen Techniken können Sie die Formatvorlagen so auf Ihrem Bildschirm positionieren, dass sie Ihnen nicht die Sicht auf Ihren eigentlichen Text versperren.

Um die Liste mit den Formatvorlagen komplett auszublenden, genügt in der Titelleiste ein Klick auf

.

5 Im Fenster, das daraufhin angezeigt wird, stehen Ihnen alle Formatierungsmöglichkeiten zur Verfügung. Wenn Sie hier nun auf

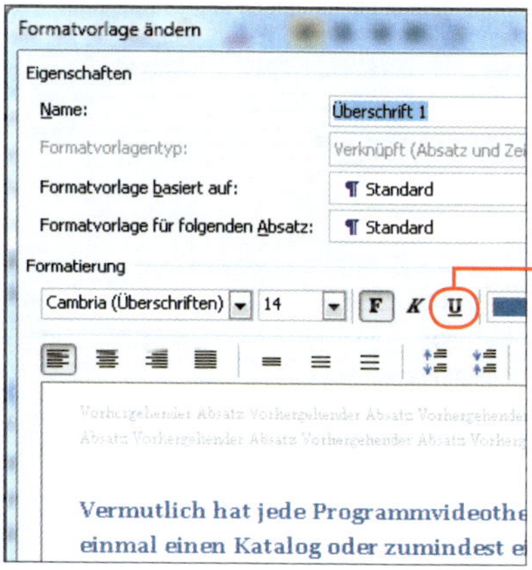

und zur Bestätigung auf die Schaltfläche

klicken, haben Sie die Formatvorlage geändert. Alle Textstellen, die mit „Überschrift 1“ formatiert sind, erscheinen künftig unterstrichen: .

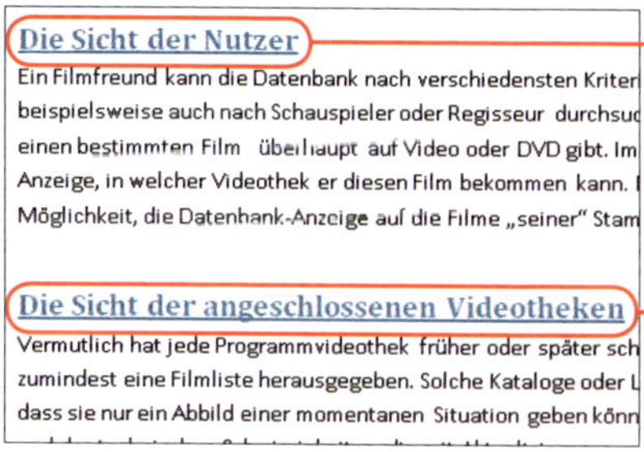

Eigene Formatvorlagen einrichten

Sie können nicht nur bestehende Formatvorlagen verändern, sondern zusätzlich auch eigene erstellen. Stellen Sie sich beispielsweise vor, Sie wollen besonders wichtige Stellen in einem Text durch die Verwendung roter Schriftfarbe und durch Unterstreichungen hervorheben. Damit Sie diese Formatierungsart ständig präsent haben, richten Sie einfach eine entsprechende Formatvorlage ein.

1 Öffnen Sie zunächst die Formatvorlagen-Auswahl, und klicken Sie dann ganz unten links auf das Symbol .

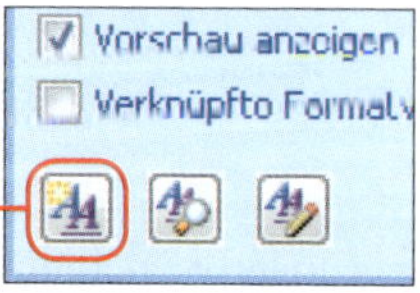

2 Als Erstes müssen Sie Ihrer neuen Vorlage, die Sie nun erstellen wollen, einen aussagekräftigen Namen geben. Überschreiben Sie dazu einfach den Platzhaltertext ,

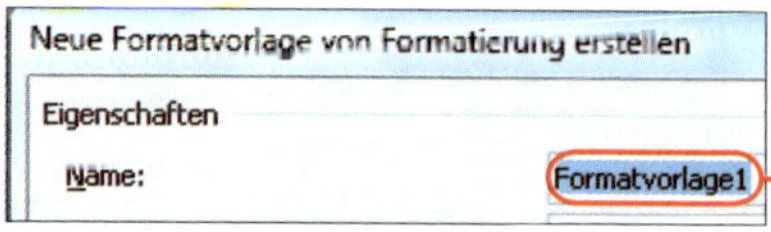

beispielsweise mit ●.

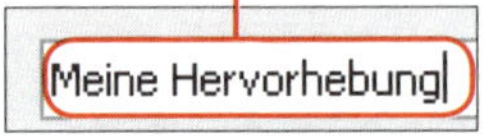

3 Da es sich im Beispiel um eine Zeichenformat-Vorlage handelt, klicken Sie danach neben dem Feld

auf den nach unten weisenden Pfeil

und in der Auswahl, die sich daraufhin öffnet, auf ●.

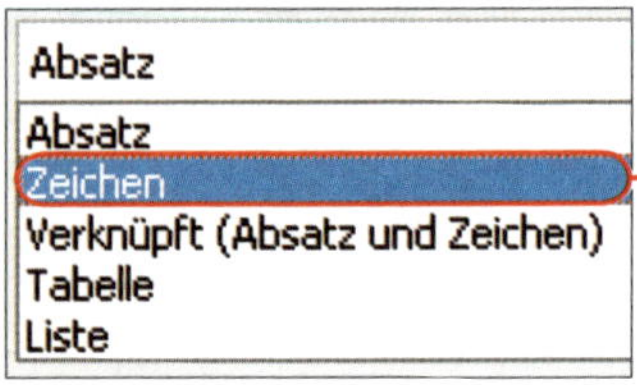

4 Jetzt können Sie die gewünschten Formatierungen vornehmen. Klicken Sie also auf ●

sowie zur Farbauswahl auf den Pfeil ●

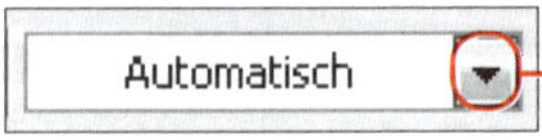

und in der geöffneten Farbpalette auf ●.

Auf alle Formatierungsmöglichkeiten zugreifen

Im Fenster, in dem Sie die Formatvorlagen definieren können, stehen Ihnen die wichtigsten Formatierungsmöglichkeiten direkt zur Verfügung. Der Zugriff auf sämtliche Gestaltungsmöglichkeiten erfolgt nach einem Klick auf die Schaltfläche

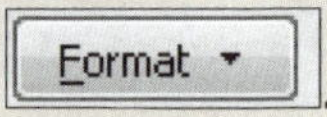

.

Dann brauchen Sie nur noch den jeweiligen Eintrag anzuklicken, um ein entsprechendes Fenster zu öffnen.

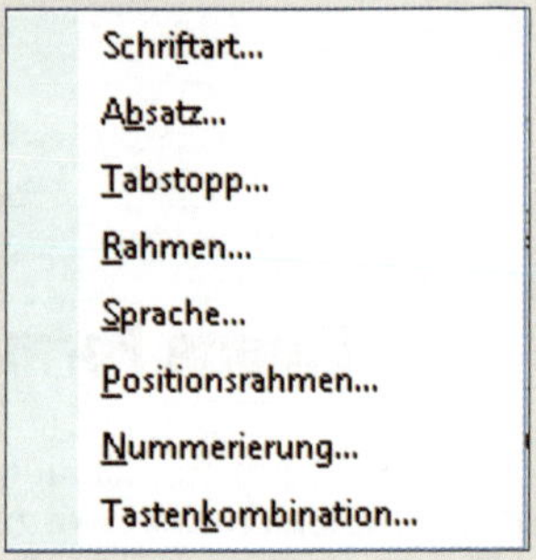

Im Vorschaubereich erhalten Sie gleich einen ersten Eindruck von Ihrer Vorlage: ●.

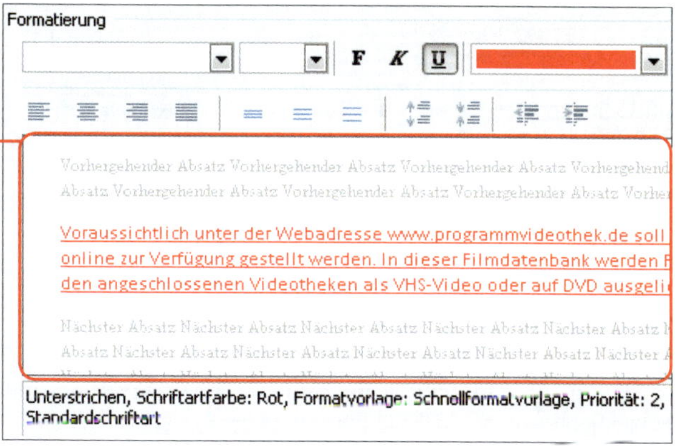

5 Nachdem Sie die gewünschten Formatierungen festgelegt haben, ist die Vorlage im Prinzip fertig. Lassen Sie den Haken im Kästchen ●

stehen, und klicken Sie danach zur Bestätigung auf die Schaltfläche

.

6 Künftig können Sie auch auf Ihre neue Formatvorlage mit einer der beiden eingangs beschriebenen Methoden zugreifen. Um sie anzuwenden, klicken Sie also entweder auf ●

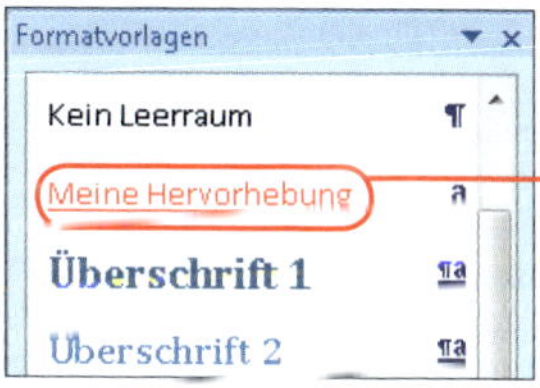

oder, falls Sie der Empfehlung im Kasten auf Seite 66 folgen, auf ●.

7 Es gibt noch ein weiteres Verfahren, mit dem Sie eine Vorlage erstellen können. Wenn Sie beispielsweise Text als **Kapitälchen** formatiert haben, setzen Sie ein Markierung ●

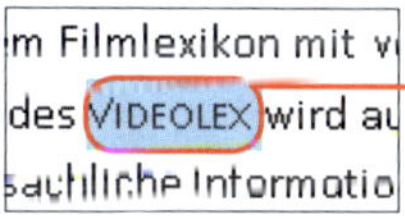

und klicken dann mit der rechten (!) Maustaste hinein. Im Kontextmenü, das sich daraufhin öffnet, führen Sie den Mauszeiger über den Eintrag

und klicken anschließend auf ●.

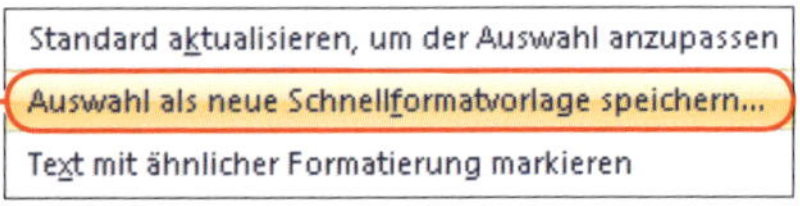

8 Jetzt brauchen Sie nur noch einen Namen zu vergeben ● und zur Bestätigung Ihrer Eingabe unten auf die Schaltfläche ●

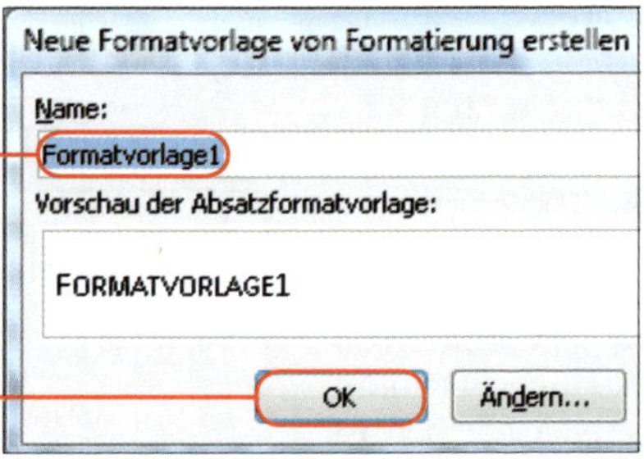

zu klicken. Schon haben Sie eine Formatvorlage für Kapitälchen-Schreibweise eingerichtet.

Einen anderen Vorlagensatz auswählen

Die Gesamtheit der Formatvorlagen, also die verschiedenen Überschriften, die Standard-Textformatierung sowie die anderen vorgefertigten Gestaltungen, nennt man einen Vorlagensatz. Dabei sind die einzelnen Vorlagen, beispielsweise in Bezug auf die verwendeten Schriftarten, harmonisch aufeinander abgestimmt. Der Standard-Vorlagensatz, den Sie bisher verwenden, ist im Prinzip für alle Arten von Dokumenten gut geeignet. Word bietet Ihnen jedoch Alternativen. Mithilfe weiterer Vorlagensätze können Sie den Charakter Ihres Dokuments in vielen Fällen noch besser betonen.

1 Um einen anderen Vorlagensatz auszuwählen, klicken Sie zunächst in der Multifunktionsleiste auf den Eintrag ●

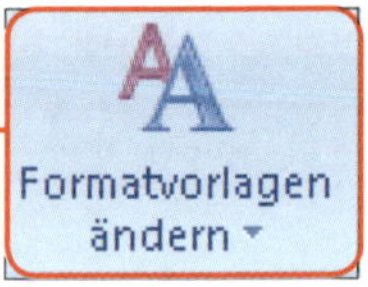

und führen dann den Mauszeiger über den Eintrag ●.

2 Daraufhin werden Ihnen Vorlagensätze in den verschiedensten Gestaltungsstilen angeboten. Wenn Sie den Mauszeiger in dieser Liste über einen

Eintrag führen, beispielsweise ●,

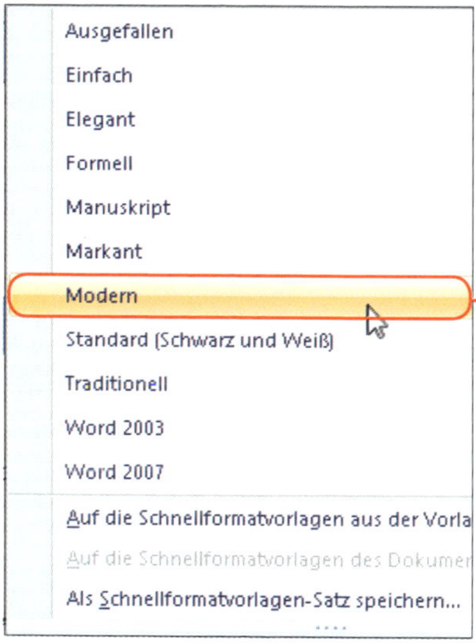

können Sie in einer Vorschau gleich sehen, wie Ihr Text mit diesem Vorlagensatz aussehen würde. Im Beispielfall würden also etwa die Überschriften mit blauer Hintergrundfarbe hervorgehoben: ●.

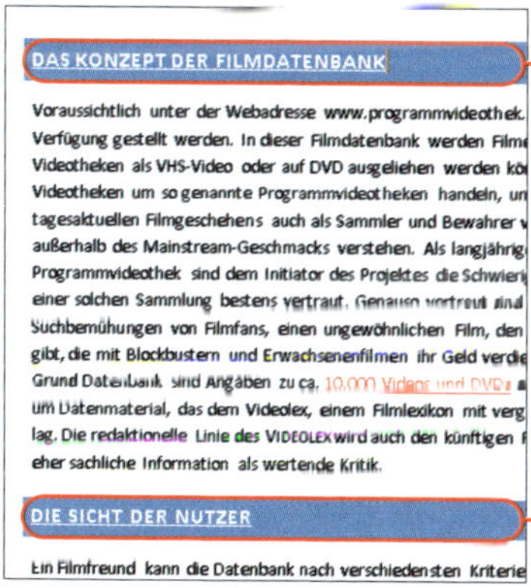

3 Mit einem Mausklick können Sie einen Vorlagensatz zur Anwendung bringen. Die Bezeichnungen der einzelnen Vorlagen sind übrigens nach wie vor gleich. Nur die Formatierungen unterscheiden sich logischerweise vom Standardsatz.

4 Sie können nicht nur zwischen verschiedenen Vorlagensätzen wählen, sondern diese auch ganz auf Ihre eigenen Bedürfnisse zuschneiden. Klicken Sie dazu auf

,

und führen Sie danach den Mauszeiger zum Beispiel über ●

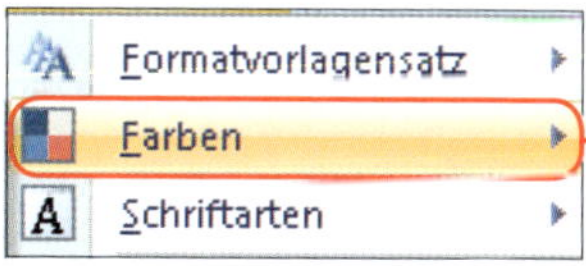

5 Daraufhin werden verschiedene Farbkompositionen sichtbar. Auch hier ist eine automatische Vorschau hilfreich. Wenn Sie den Mauszeiger über einen der Einträge führen, beispielsweise ●,

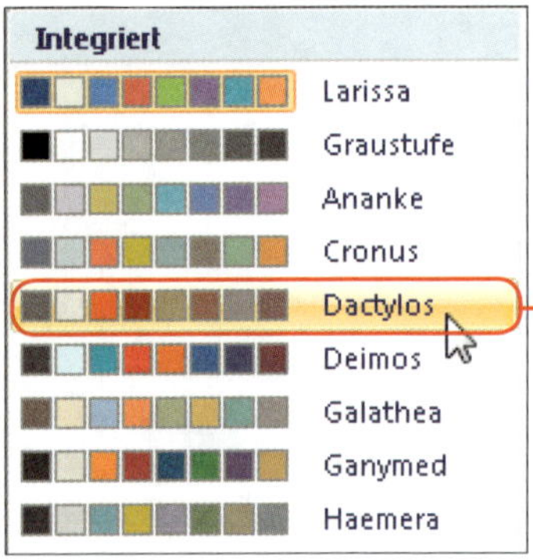

können Sie sofort sehen, wie Ihr Text mit dieser Farbzusammenstellung aussehen würde.

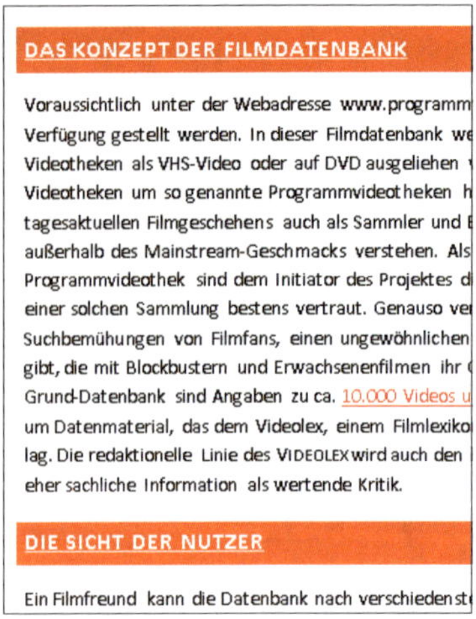

DAS KONZEPT DER FILMDATENBANK

Voraussichtlich unter der Webadresse www.programm
Verfügung gestellt werden. In dieser Filmdatenbank we
Videotheken als VHS-Video oder auf DVD ausgeliehen
Videotheken um so genannte Programmvideotheken h
tagesaktuellen Filmgeschehens auch als Sammler und
außerhalb des Mainstream-Geschmacks verstehen. Als
Programmvideothek sind dem Initiator des Projektes d
einer solchen Sammlung bestens vertraut. Genauso ve
Suchbemühungen von Filmfans, einen ungewöhnlichen
gibt, die mit Blockbustern und Erwachsenenfilmen ihr
Grund-Datenbank sind Angaben zu ca. 10.000 Videos u
um Datenmaterial, das dem Videolex, einem Filmlexiko
lag. Die redaktionelle Linie des VIDEOLEX wird auch den
eher sachliche Information als wertende Kritik.

DIE SICHT DER NUTZER

Ein Filmfreund kann die Datenbank nach verschiedenst

Auf Wunsch genügt ein Mausklick auf den Eintrag, damit die entsprechende Farbmischung angewendet wird.

6 Auch andere Schriftzusammenstellungen können Sie einem Vorlagensatz zuweisen. Klicken Sie auf

,

und führen Sie dann den Mauszeiger über ●,

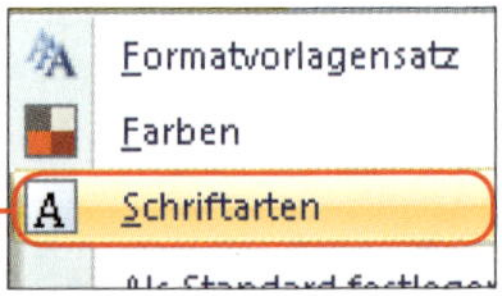

um das entsprechende Angebot anzuzeigen.

Wie schon zuvor treffen Sie per Klick auf den gewünschten Eintrag Ihre Wahl.

Fertige Designs zuweisen

Wie Sie im nebenstehenden Abschnitt gesehen haben, ist es möglich, sowohl die Farbzusammenstellung als auch die Schrift eines Vorlagensatzes zu verändern. Das bedeutet streng genommen, dass Sie damit das „Design“ eines Vorlagensatzes abwandeln. Sie können aber auch auf vorgefertigte Designs zugreifen. Klicken Sie dazu in der Multifunktionsleiste auf den Registerreiter

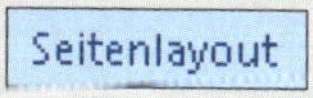

und anschließend auf

.

Schon werden die verfügbaren Designs angezeigt.

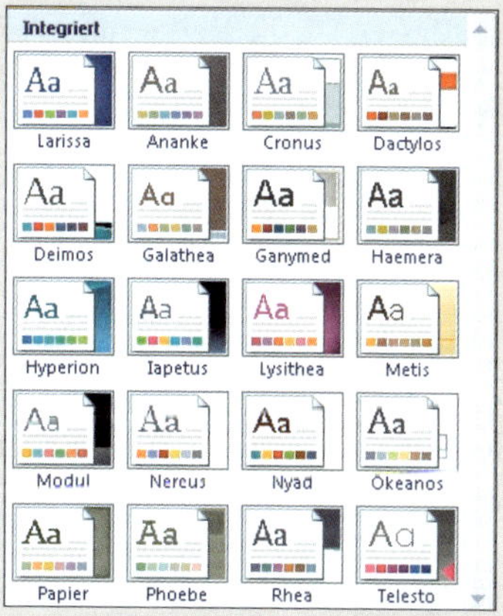

Wie gehabt können Sie sich mithilfe der Vorschau einen Eindruck verschaffen, bevor Sie mit einem Mausklick auf das bevorzugte Muster Ihre Wahl treffen.

Dokumentvorlagen anwenden

Bei den Formatvorlagen, die Sie bisher kennengelernt haben, handelt es sich um vorgefertigte und aufeinander abgestimmte Zeichen- und Absatzformatierungen. Diese betreffen jeweils nur einzelne Teile eines Dokuments. Darüber hinaus gibt es aber auch Vorlagen für komplette Dokumente. Sie geben Ihnen die Möglichkeit, sich ganz auf das Schreiben des Textes zu konzentrieren. Denn alle wesentlichen Gestaltungselemente sind bereits enthalten.

1 Noch bevor Sie mit dem Schreiben beginnen, müssen Sie sich als Erstes für eine Dokumentvorlage entscheiden. Wenn Sie beispielsweise einen Brief schreiben wollen, gehen Sie so vor. Klicken Sie zunächst auf das Office-Symbol links oben im Programmfenster

und anschließend auf den Eintrag

.

2 Nun lassen Sie die Markierung aber *nicht* auf der leeren Standard-Dokumentvorlage,

sondern klicken stattdessen am linken Rand auf den Eintrag ●.

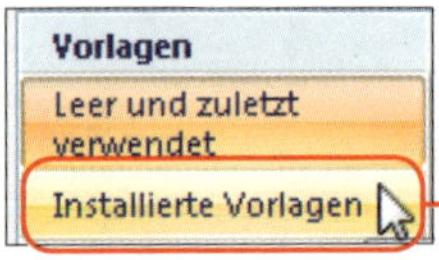

3 Daraufhin können Sie sehen, welche Vorlagen auf Ihrem Rechner eingerichtet sind. Normalerweise befinden sich darunter auch verschiedene Briefvorlagen. Klicken Sie eine davon an, etwa ●,

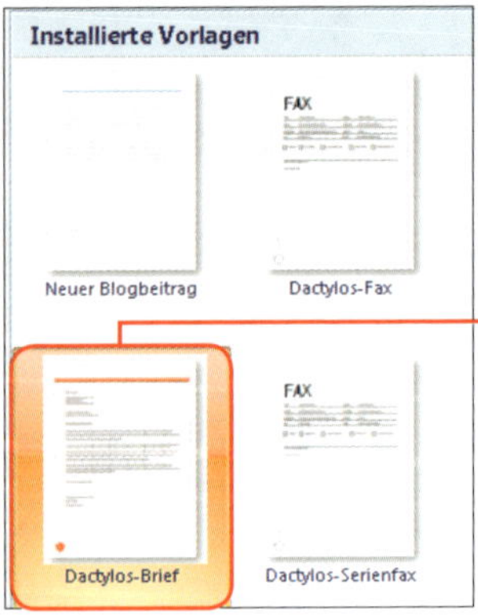

wird rechts eine größere Vorschau eingeblendet.

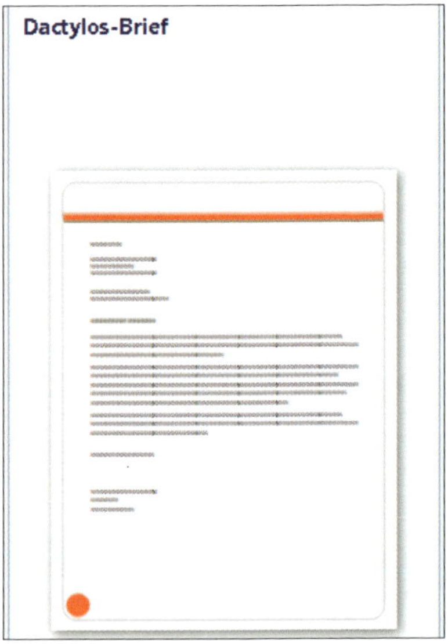

4 Wenn Sie sich für eine Vorlage entschieden haben, setzen Sie mit einem Mausklick eine Markierung,

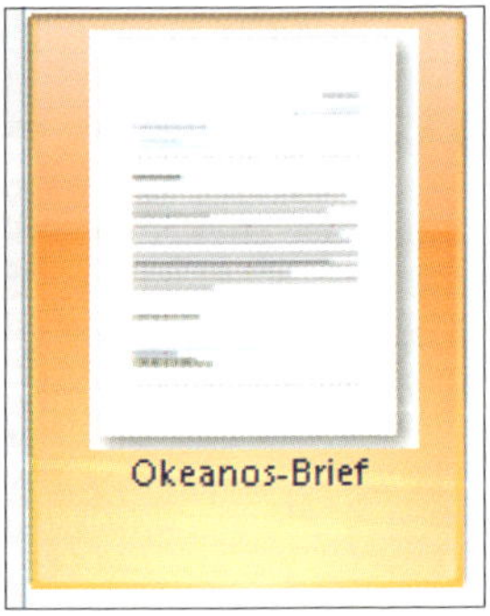

behalten den Auswahlpunkt

bei und klicken auf die Schaltfläche

.

Word legt anschließend ein neues Dokument an, das sich an dem im vorigen Schritt gewählten Muster orientiert.

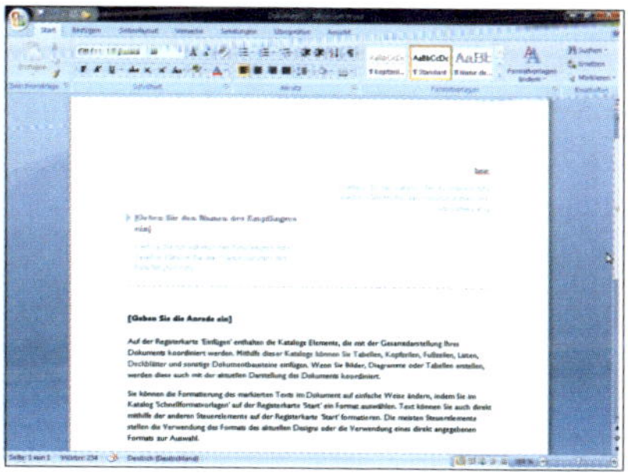

5 Um die Gestaltung Ihres Briefes brauchen Sie sich also gar keine Gedanken zu machen. Ersetzen Sie einfach die Platzhaltertexte mit Ihren eigenen Angaben, also etwa

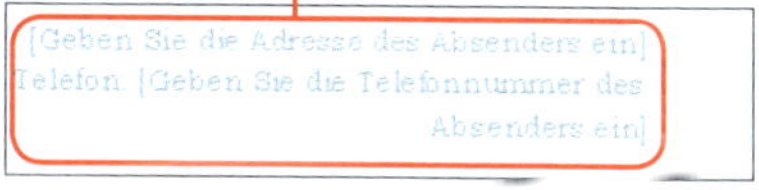

durch Ihre Absenderadresse.

Ebenso verfahren Sie beispielsweise mit der Empfängeradresse ,

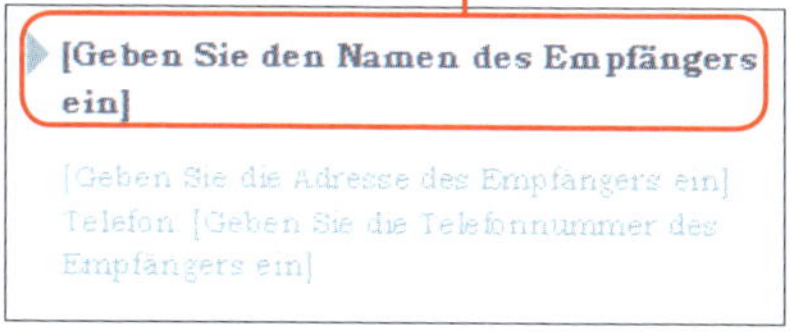

der Anrede und dem eigentlichen Brieftext

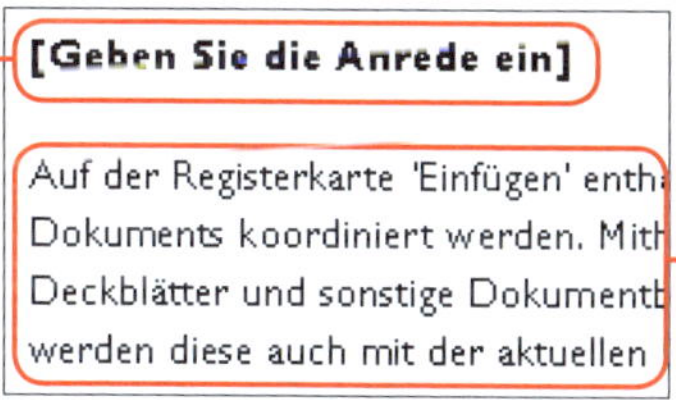

6 Es liegt in der Natur der Sache, dass in Vorlagen häufig Hinweistexte (in unsichtbaren Tabellenzellen) enthalten sind. Um sie zu entfernen, klicken Sie einfach darauf,

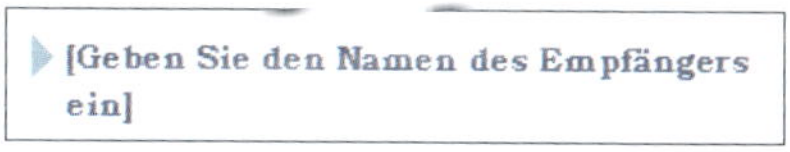

um eine Markierung zu setzen,

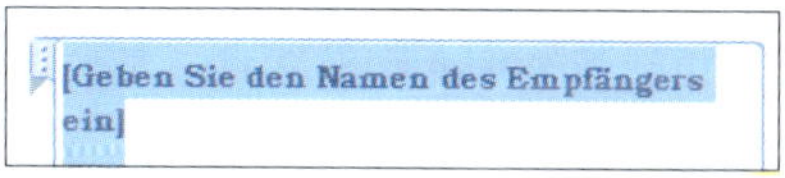

und drücken danach nur noch auf die Entf-Taste.

7 Mitunter ist Ihnen Word auch bei der Eingabe behilflich, zum Beispiel mit dem aktuellen Datum. Wenn Sie in der

Beispielvorlage etwa auf

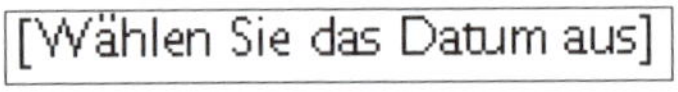

und danach auf den nun sichtbaren Auswahlpfeil

klicken, wird ein Kalender eingeblendet, aus dem Sie mit einem weiteren Mausklick

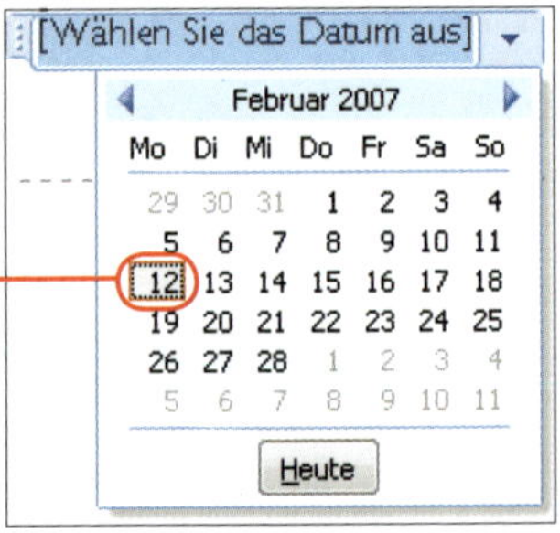

das gewünschte Datum in Ihren Brief übernehmen können.

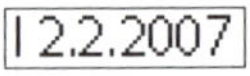

8 Auch wenn Sie eine Dokumentvorlage verwenden, steht es Ihnen natürlich frei, einzelne Teile bei der Gestaltung abzuwandeln. Wollen Sie beispielsweise als Schriftfarbe der Absenderangabe nicht das vorgeschlagene Himmelblau, sondern lieber Schwarz verwenden, setzen Sie einfach eine entsprechende Markierung,

klicken mit der rechten (!) Maustaste hinein sowie anschließend – wieder mit der linken Maustaste – auf und danach auf .

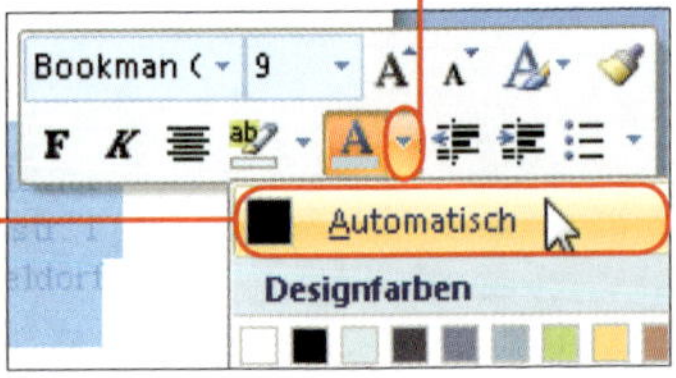

Umgehend wird die Änderung ausgeführt.

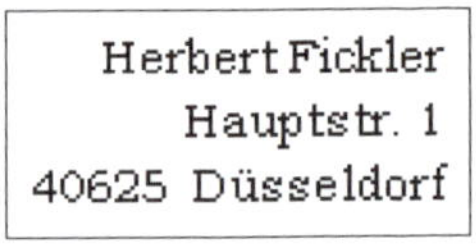

Nun können Sie Ihren Brief ganz normal speichern oder ausdrucken.

Eigene Dokumentvorlage speichern

Durch die Verwendung von Dokumentvorlagen können Sie sich eine Menge Gestaltungsarbeit ersparen. Die Effizienz lässt sich aber noch mehr steigern. Wenn Sie eine Briefvorlage verwenden, wie im vorigen Abschnitt gezeigt, brauchen Sie sich zwar über die Gestaltung keine Gedanken zu machen. Ihre Absenderadresse aber beispielsweise müssen Sie nach wie vor bei jedem Brief eintippen. Es sei denn, Sie legen eine eigene individuelle Vorlage an.

1 Wiederholen Sie zunächst die Schritte 1 bis 4 des vorigen Abschnitts mit einer Briefvorlage, die Ihnen gefällt.

2 Tippen Sie jetzt alle Angaben ein, die in *jedem* Ihrer Briefe vorkommen sollen, also etwa Ihre Adresse, Ihre Telefonnummer oder auch Ihre Bankverbindung, und gestalten Sie die Vorlage ganz nach Wunsch. Ansonsten belassen Sie die Vorlage wie vorgegeben, also beispielsweise den Platzhaltertext für die Empfängeradresse.

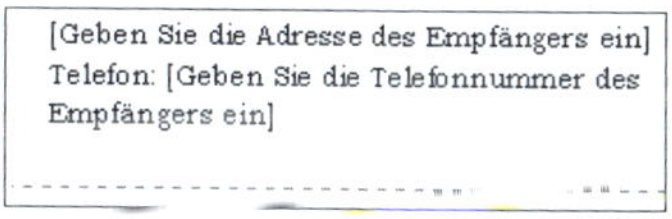

3 Das auf diese Weise personalisierte Dokument speichern Sie nun als neue Vorlage ab. Klicken Sie dazu auf

,

führen Sie dann den Mauszeiger über

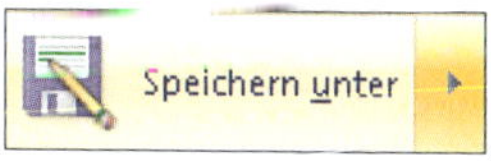
,

und klicken Sie schließlich in der Befehlsauswahl, die daraufhin angezeigt wird, *nicht* auf ●, sondern stattdessen auf ●.

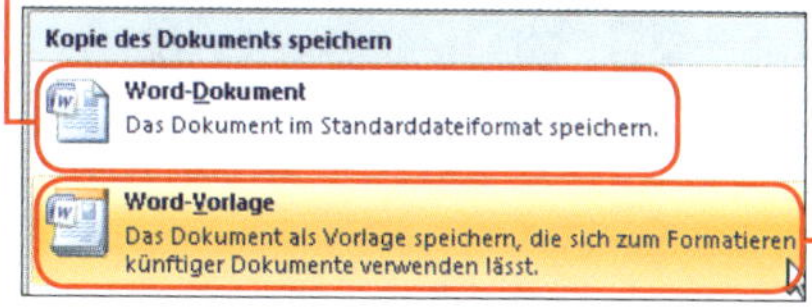

4 Jetzt müssen Sie noch den richtigen Speicherort für Ihre Vorlage wählen. Klicken Sie dazu im folgenden Fenster auf ●.

Geben Sie Ihrer Vorlage dann einen Namen, beispielsweise ●,

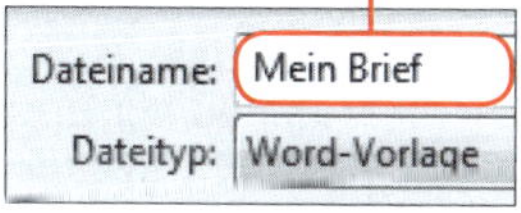

und klicken Sie abschließend auf

.

5 Damit haben Sie Ihre eigene Briefvorlage erstellt und gespeichert. Wenn

Sie künftig einen Brief schreiben möchten, gehen Sie so vor: Klicken Sie zunächst ganz normal auf ● sowie auf ●,

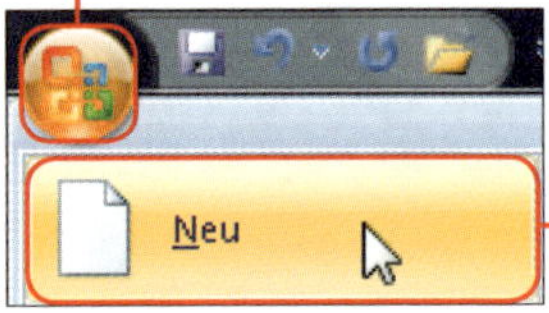

im nachfolgenden Fenster aber auf den Eintrag ●.

6 Daraufhin werden Ihre eigenen Vorlagen angezeigt. Klicken Sie hier auf Ihre Briefvorlage, um eine Markierung zu setzen, etwa ●,

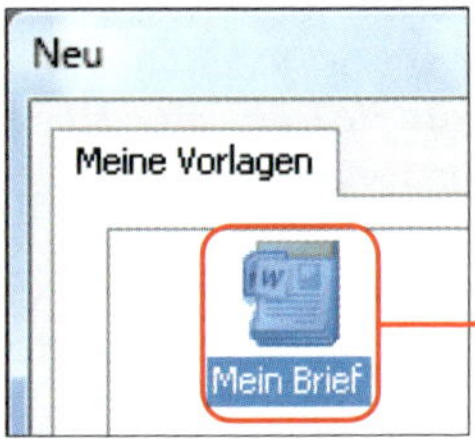

und dann einfach auf

.

Das war es auch schon. Sie haben jetzt ein neues Dokument auf Ihrer Arbeitsfläche, in dem alle Ihre Angaben, die Sie in Schritt 2 dieser Anleitung gemacht haben, bereits enthalten sind. Sie brauchen also nur noch die Empfängeradresse einzugeben und den Brieftext zu schreiben. Speichern und Drucken funktionieren ganz normal.

Dokumentvorlagen aus dem Internet besorgen

Wie Sie gesehen haben, gehören zum Lieferumfang des Office-Pakets einige Vorlagen, die während der Installation automatisch auf Ihren Rechner überspielt werden. Das ist aber noch nicht alles. Microsoft bietet Ihnen im Internet noch viele weitere Dokumentvorlagen an, die Sie kostenlos auf Ihren Rechner übertragen können.

1 Stellen Sie zunächst eine Internetverbindung her. Klicken Sie dann auf das Office-Symbol ● und anschließend auf ●.

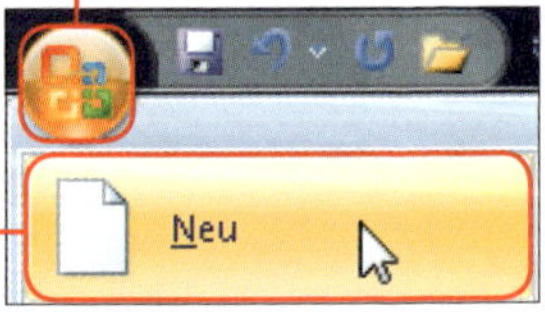

Im nächsten Fenster können Sie auf die **Online**-Vorlagen zugreifen. Klicken Sie zuerst auf eine passende Kategorie, zum Beispiel ●.

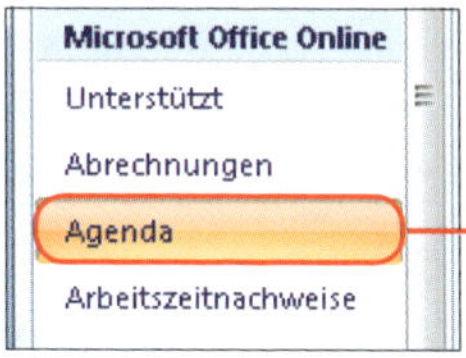

2 Genauso wie Sie es von den Vorlagen, die bereits auf Ihrem Rechner gespeichert sind, kennen, werden Ihnen dann die vorhandenen Vorlagen präsentiert. Wenn Sie eine davon anklicken, beispielsweise ●,

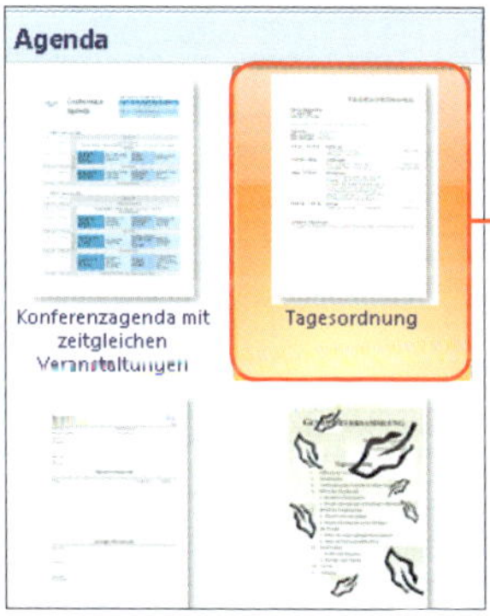

wird diese wie gewohnt in einer größeren Vorschau angezeigt.

3 Gefällt Ihnen eine Vorlage, genügt rechts unten ein Mausklick auf die Schaltfläche

.

Microsoft will daraufhin eine Prüfung durchführen, ob Ihre Word-Version auch legal erworben wurde. Damit dies geschieht, brauchen Sie nur auf

zu klicken.

4 Nach wenigen Augenblicken ist die Prüfung abgeschlossen, und die Vorlage wird auf Ihren Rechner überspielt. Auf der Word-Arbeitsfläche erscheint auch gleich ein neues Dokument auf Basis dieser Vorlage.

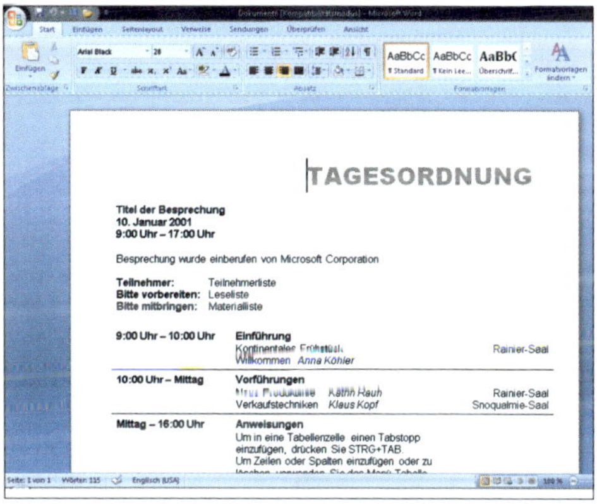

5 Wenn Sie die Vorlage wieder einmal verwenden möchten, brauchen Sie natürlich nicht erneut online zu gehen. Denn Sie haben sie ja bereits auf Ihren Rechner übertragen.

Wiederholen Sie einfach Schritt 5 und 6 der vorigen Anleitung. Aus dem Internet überspielte Vorlagen werden nämlich automatisch in Ihrem Ordner „Meine Vorlagen“ gespeichert.

Fix ein ansprechendes Deckblatt erstellen

Eine umfangreiche schriftliche Arbeit können Sie häufig aufwerten, wenn Sie ein professionell aussehendes Deckblatt entwerfen. Word stellt Ihnen auch dafür einige Vorlagen zur Verfügung.

1 Öffnen Sie als Erstes das Dokument, das Sie mit einem Deckblatt versehen möchten. Klicken Sie dann in der Multifunktionsleiste auf den Registerreiter

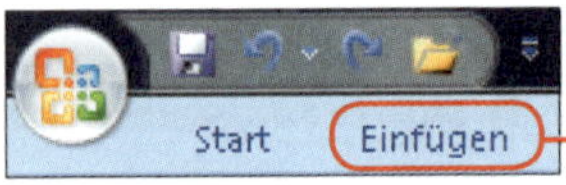

und anschließend in dem entsprechenden Register ganz links auf den Eintrag

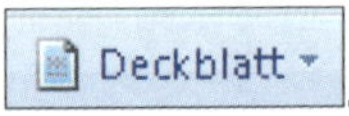

.

2 In der Auswahl, die daraufhin erscheint, brauchen Sie die Vorlage, die Ihnen gefällt, nur anzuklicken, beispielsweise .

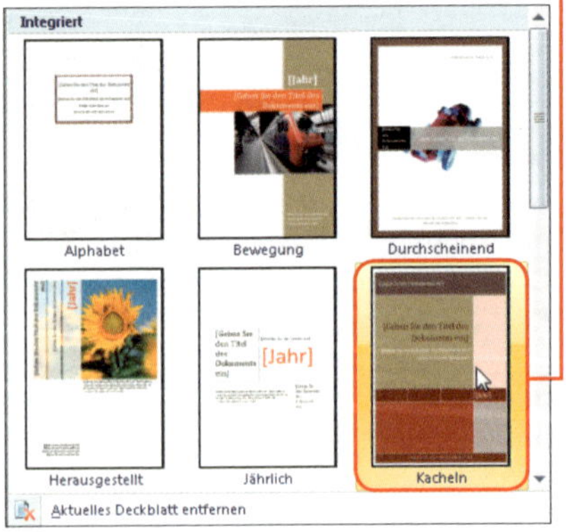

3 Umgehend wird das Dokument, das Sie in Schritt 1 geöffnet haben, mit einem Deckblatt versehen. Auch hier brauchen Sie nur die Platzhaltertexte

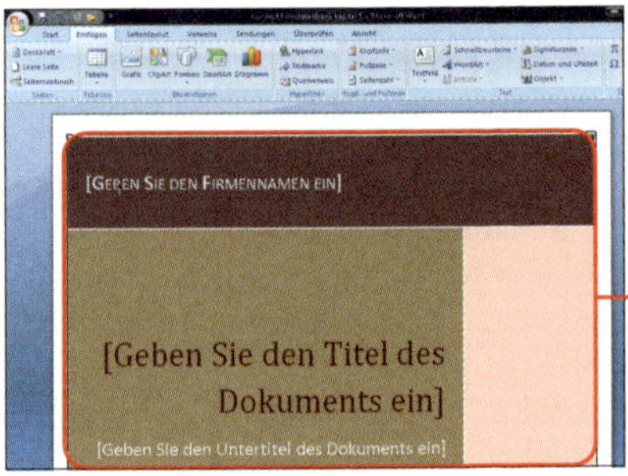

mit Ihren Angaben zu überschreiben. Danach können Sie das Dokument nach Belieben speichern oder ausdrucken.

4 Genauso einfach wie Sie ein Deckblatt einfügen, werden Sie es bei Bedarf auch wieder los. Wiederholen Sie Schritt 1 dieser Anleitung, klicken Sie dann aber im nachfolgenden Auswahlfenster ganz unten auf den Eintrag

.

Schon verschwindet das Deckblatt wieder.

6 Eine geeignete Ansicht wählen

Word bietet Ihnen die Möglichkeit, Ihr Dokument - je nach Arbeitssituation - auf unterschiedliche Weise zu betrachten. Das heißt, je nachdem ob Sie Text erfassen, Gestaltungsarbeiten vornehmen oder auch eine abschließende Überarbeitung durchführen, können Sie die sinnvollste Ansichtsform wählen. Betrachten Sie Ihr Dokument genauso, wie es ausgedruckt aussehen würde, oder konzentrieren Sie sich ganz auf die Texterfassung. Lassen Sie sich einzelne Seiten so groß wie möglich anzeigen, oder verschaffen Sie sich einen Gesamtüberblick, indem Sie mehrere Seiten gleichzeitig ins Blickfeld holen.

Im sechsten Kapitel dieses Buches erfahren Sie,
- welche Ansichtsform für welche Arbeitsschritte besonders gut geeignet ist,
- welche Möglichkeiten Sie haben, zwischen den Ansichten zu wechseln,
- wie Sie am besten Detailarbeiten vornehmen oder wie Sie am Gesamtaufbau Ihres Dokuments arbeiten
- und wie Sie ständig Ihr komplettes Dokument im Blick behalten.

Kapitel-Wegweiser

Die Layoutansicht ausreizen

Wenn Sie ein Dokument gestalten wollen, ist die Layoutansicht am besten geeignet. In dieser Ansichtsform bekommen Sie ein Dokument nämlich genauso angezeigt, wie es bei einem Ausdruck auf Papier aussehen würde.

1 Um die Layoutansicht aufzurufen, klicken Sie in der Multifunktionsleiste auf den Registerreiter

und danach auf

.

Daraufhin erscheint das Symbol wie ein „gedrückter Schalter“ ●,

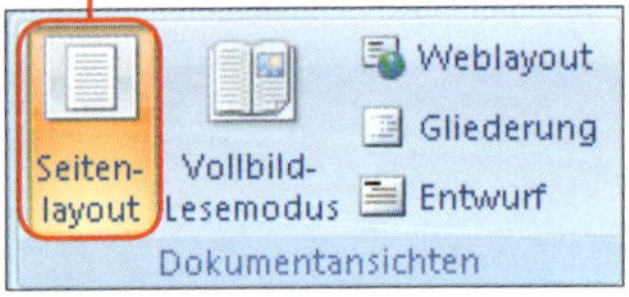

und die Seite wird wie ein Blatt Papier auf Ihrem Bildschirm angezeigt.

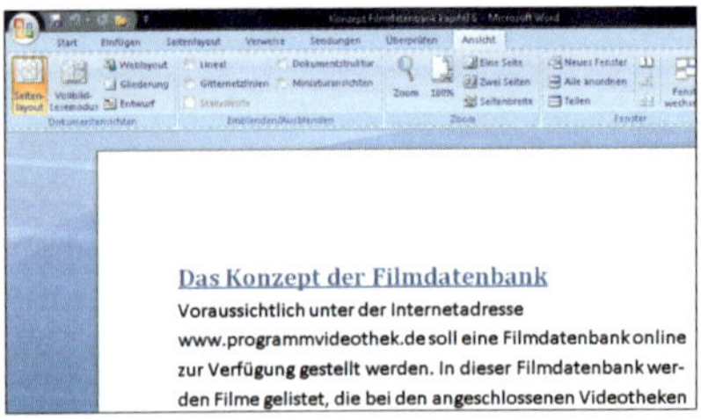

2 Je nachdem was Sie nun vorhaben, ist es sinnvoll, sich das Dokument größer oder kleiner anzeigen zu lassen. Die entsprechenden Befehle finden Sie ebenfalls im Ansichts-Register. So wird zum Beispiel nach einem Mausklick auf

die Seite, in der sich die Einfügemarke gerade befindet, komplett auf der Arbeitsfläche sichtbar.

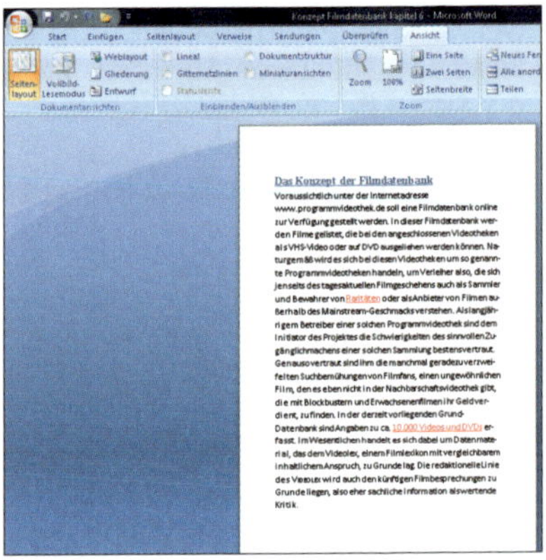

3 Wenn Sie beispielsweise in einem größeren Dokument Seitenübergänge überprüfen wollen, klicken Sie auf

.

Sie sehen dann jeweils zwei Seiten komplett auf der Arbeitsfläche.

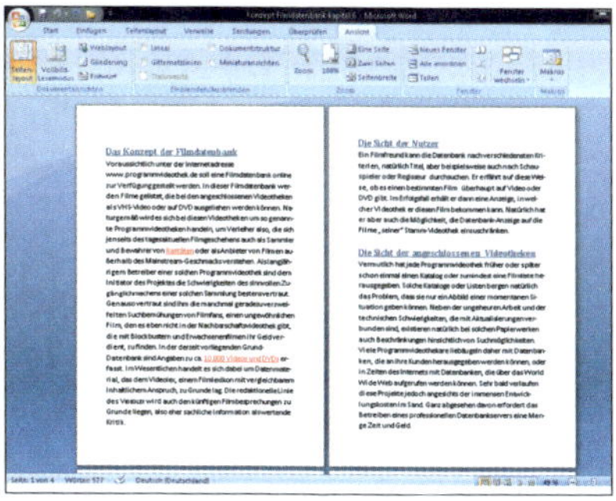

4 Sollte Ihnen daran gelegen sein, dass der Platz auf Ihrer Arbeitsfläche möglichst gut ausgenutzt wird, klicken Sie auf

.

Die Seite wird anschließend fast über die gesamte Breite der Arbeitsfläche angezeigt.

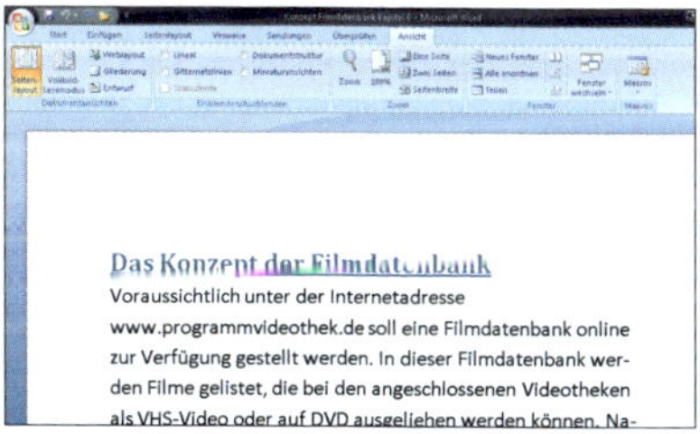

5 Zur „normalen" 1-1-Darstellung der Seiten können Sie jederzeit zurückkehren, indem Sie auf

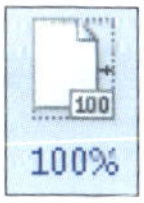

klicken.

6 Weitere Darstellungsmöglichkeiten Ihrer Seiten erreichen Sie nach einem Klick auf

.

Entweder Sie wählen nun eine der vorgegebenen Prozentzahlen, oder Sie geben einen beliebigen Zoomfaktor ins Feld

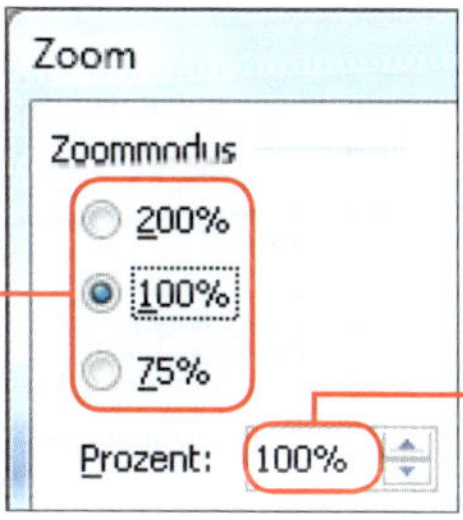

ein. Im Vorschaubereich können Sie die Wirkung abschätzen.

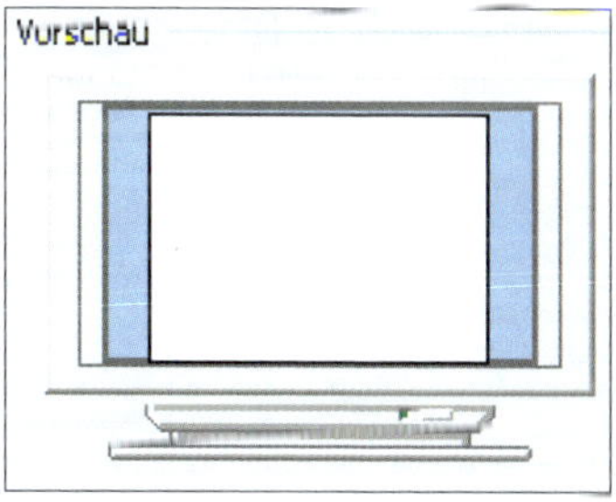

Zur Bestätigung Ihrer Einstellung klicken Sie auf

.

7 Im Fenster aus dem vorigen Schritt, das Sie nach dem Klick auf das Zoomsymbol angezeigt bekommen, finden Sie noch weitere Darstellungsmöglichkeiten. Klicken Sie auf ●, können Sie die ganze Seitenbreite ausnutzen wie in Schritt 4. Und klicken Sie auf ●,

können Sie die Seite vollständig anzeigen lassen wie in Schritt 2.Wählen Sie mit einem Mausklick hingegen die Option

,

wird die Breite der Arbeitsfläche sogar noch mehr ausgenutzt als mit der Einstellung „Seitenbreite". Dann orientiert sich die Darstellung nämlich an der Textbreite.

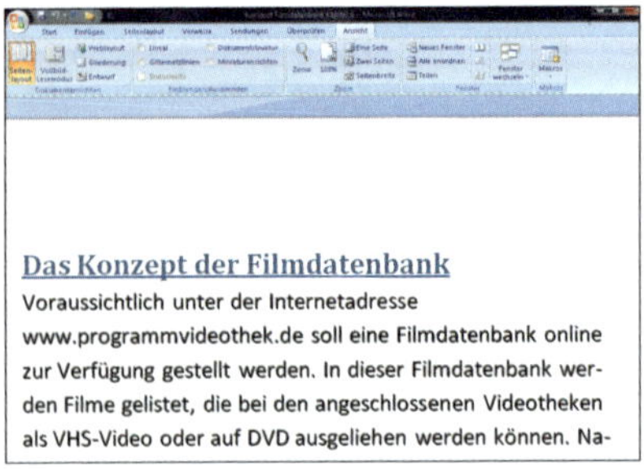

8 In den Schritten 2 und 3 dieser Anleitung haben Sie gesehen, wie sich eine oder zwei Seiten komplett anzeigen lassen. Es besteht aber auch die Möglichkeit, mehrere Seiten gleichzeitig auf den Bildschirm zu holen. Dabei können Sie sogar entscheiden, wie die Aufteilung erfolgen soll. Klicken Sie zunächst in den Kreis ●.

9 Wenn Sie danach beispielsweise auf ●

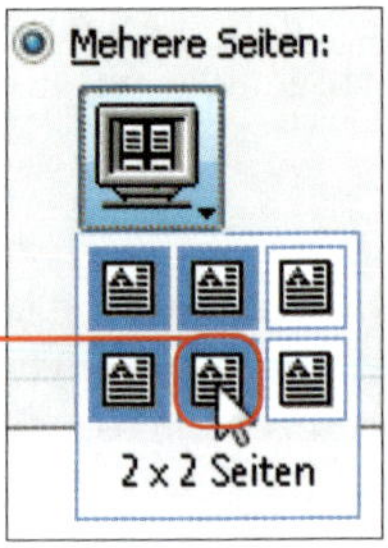

klicken, werden Ihnen vier Seiten gleichzeitig präsentiert - und zwar zwei nebeneinander und zwei untereinander.

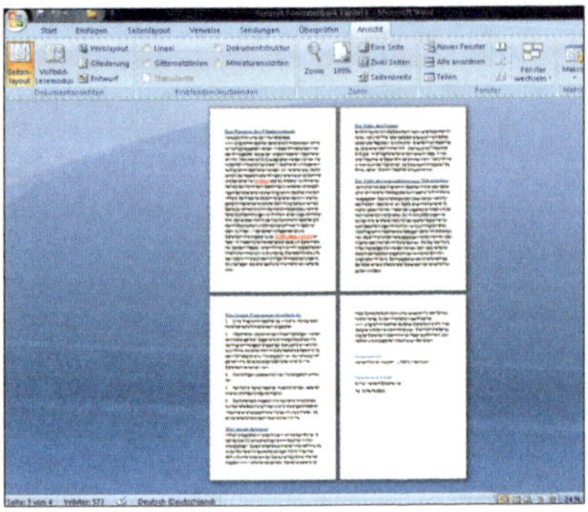

10 Demgegenüber führt ein Mausklick auf

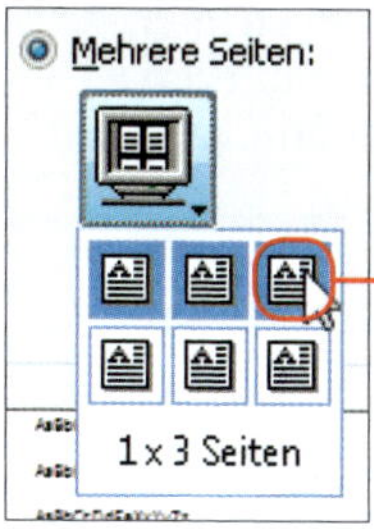

dazu, dass Sie drei vollständige Seiten gleichzeitig nebeneinander sehen können.

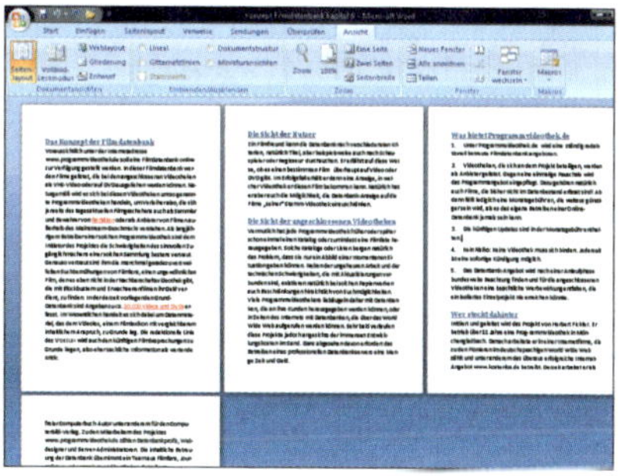

Die Entwurfsansicht zum Texterfassen

Selbstverständlich können Sie Text auch in der Layoutansicht erfassen. Manchmal kann es aber sinnvoller sein, dafür die Entwurfsansicht zu wählen. Diese Ansichtsform hat nämlich den Vorteil, dass Sie nicht von der Dokumentengestaltung abgelenkt werden.

1 Haben Sie beispielsweise ein Dokument zweispaltig formatiert, müssen Sie die Seitenanzeige in der Layoutansicht an den Umbruchstellen immer wieder nach unten oder oben bewegen, um die vorigen Sätze oder die folgenden zu sehen. Um in der Beispielabbildung etwa den Satz am Ende der ersten Spalte zu Ende zu lesen, müssen Sie die Bildschirmanzeige erst nach oben bewegen, da der Beginn der zweiten Spalte nicht zu sehen ist.

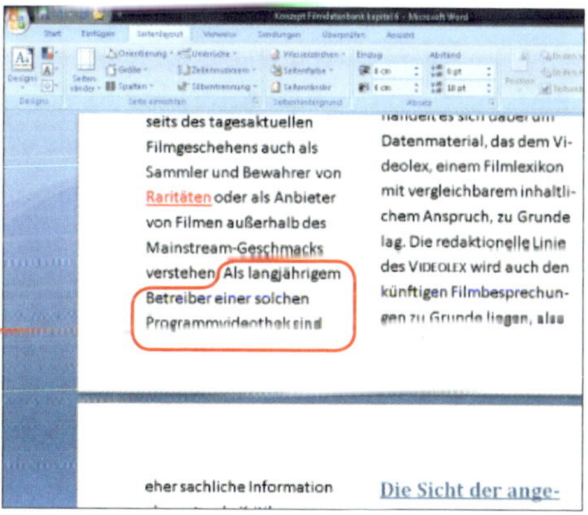

2 Dieses Hin und Her kann bei der Überarbeitung eines Textes recht lästig sein. Klicken Sie daher im Ansichts-Register auf

Daraufhin wird Ihr Text in der Entwurfsansicht völlig unabhängig von der Seitengestaltung direkt untereinander wie auf einem Endlosblatt angezeigt.

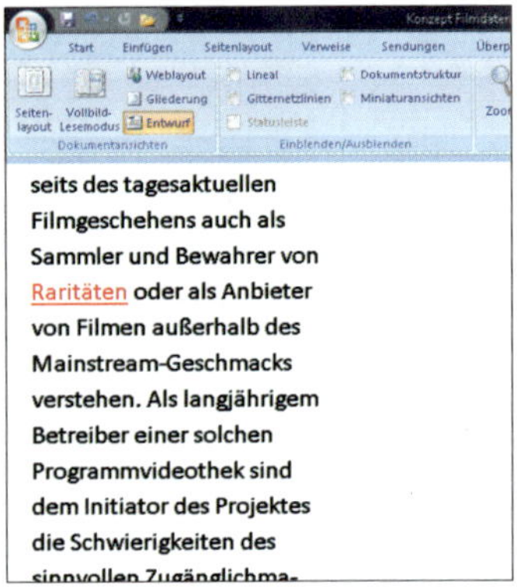

3 Die Zoomfunktion steht Ihnen auch in der Entwurfsansicht zur Verfügung. Sie können Ihren Text also, wie im vorigen Abschnitt gezeigt, in einer beliebigen Größe anzeigen lassen. Klicken Sie dagegen auf

oder

,

wechseln Sie automatisch zur Layoutansicht. Das ist ja auch logisch. Schließlich muss Word dazu die Seitenumbrüche berechnen. Und die Entwurfsansicht zeichnet sich ja gerade dadurch aus, dass Text in Endlosform angezeigt wird.

Dokumente bequem lesen

Word bietet Ihnen eine Ansichtsform, die besonders gut geeignet ist, um längere Texte am Bildschirm zu lesen.

1 Wenn Sie diese Darstellungsform bevorzugen, klicken Sie im Ansichts-Register auf

.

Daraufhin wird das Dokument bildschirmfüllend angezeigt. Die Schrift wird in diesem Lesemodus - unabhängig von der eigentlichen Formatierung - automatisch lesefreundlich vergrößert.

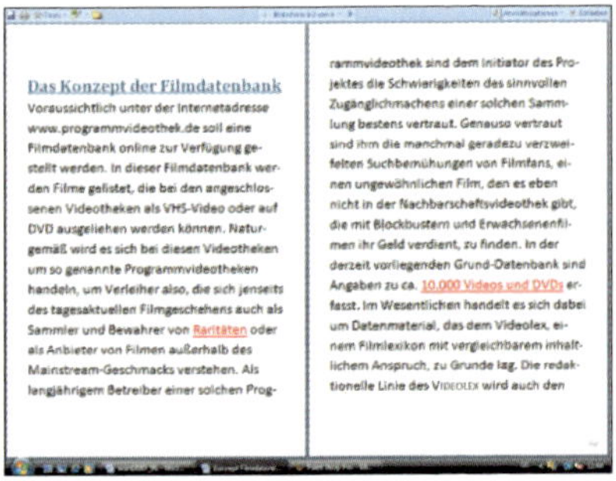

2 Lediglich am oberen Rand befindet sich eine schmale Befehlsleiste, über die Sie die verschiedenen Seiten des Dokuments ansteuern können. Sie brauchen dazu nur auf einen der beiden

Pfeile zu klicken.

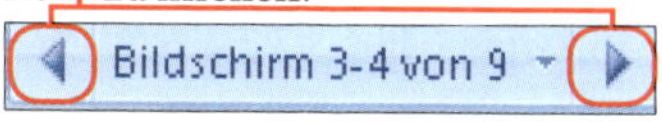

3 Im Lesemodus können Sie standardmäßig nichts in Ihr Dokument schreiben. Falls Sie dies dennoch tun wollen, müssen Sie zunächst ausdrücklich eine Anweisung erteilen. Klicken Sie dazu auf

und in der Befehlsauswahl, die sich anschließend öffnet, auf .

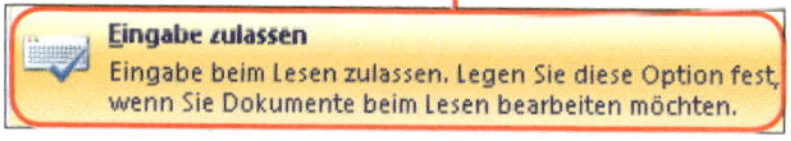

Danach können Sie die Einfügemarke

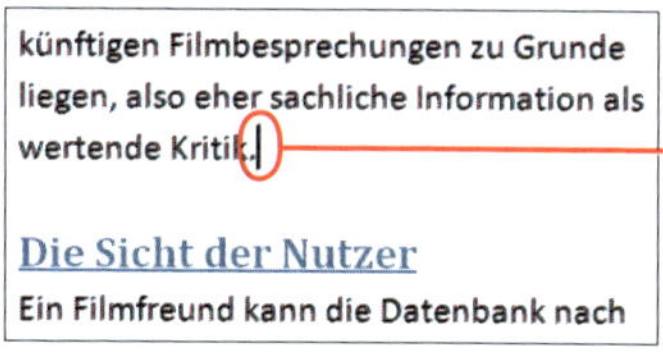

auch im Lesemodus in Ihrem Dokument positionieren und Eingaben machen.

4 Um den Lesemodus zu verlassen und wieder zur zuletzt gewählten Ansichtsform zurückzukehren, genügt rechts in der Befehlsleiste ein Mausklick auf

.

Den Aufbau eines Dokuments verändern

Haben Sie Ihren Text mithilfe von Formatvorlagen gestaltet (siehe Seite 63 ff.), können Sie sich in der Gliederungsansicht ganz rasch einen Überblick über die Struktur Ihres Dokuments verschaffen. Zudem lässt sich bei Bedarf blitzschnell der Aufbau des Dokuments verändern.

1 Um die Gliederungsansicht aufzurufen, klicken Sie im Ansichts-Register auf

.

Ihr Text wird dann wie in der Entwurfsansicht als „Endlosblatt“ angezeigt. Außerdem enthält die Multifunktionsleiste nun das zusätzliche Register „Gliederung“ ,

das sich auch im Vordergrund befindet.

2 Im Beispielfall haben Sie in Ihrem Dokument verschiedene Überschriften-Ebenen verwendet, also die Hauptüberschriften mit der Formatvorlage „Überschrift 1", Unterüberschriften innerhalb eines Abschnitts mit der Formatvorlage „Überschrift 2" gestaltet. In der Gliederungsansicht können Sie jetzt den Text ausblenden und sich nur Ihre Überschriften ansehen. Klicken Sie dazu auf ●

und in der Liste, die daraufhin aufklappt, auf den Eintrag ●.

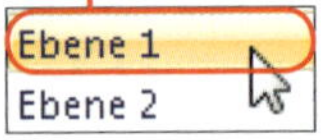

Sie sehen nun nur noch die Überschriften der Ebene 1, also diejenigen, die Sie mit der Formatvorlage „Überschrift 1" versehen haben: ●.

3 Wenn Sie auch die Überschriften sehen wollen, denen die Formatvorlage „Überschrift 2" zugewiesen wurde, klicken Sie auf ● und anschließend auf ●.

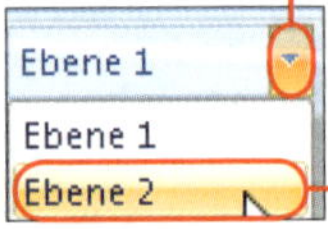

Umgehend werden auch die Überschriften der zweiten Ebene angezeigt: ●.

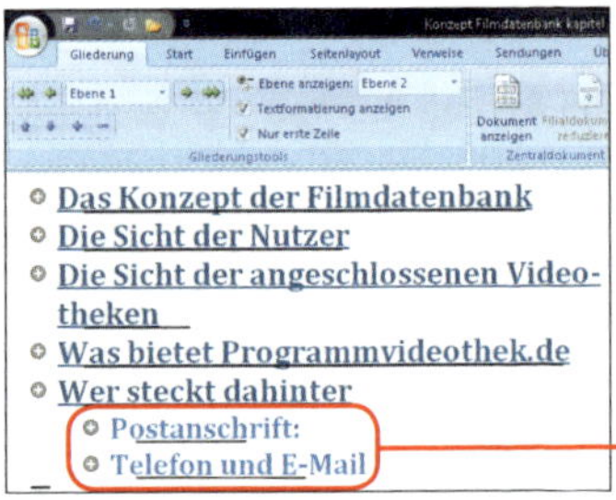

4 Falls Sie eine Gedächtnisstütze benötigen, weil Sie sich nicht mehr hundertprozentig sicher sind, was in den einzelnen Absätzen Ihres Dokuments steht, können Sie in das Kästchen ●

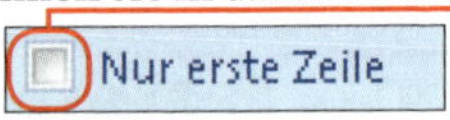

klicken, das daraufhin mit einem Haken versehen wird: ●.

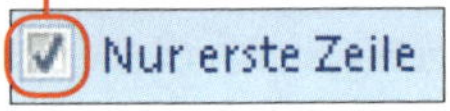

Jeweils die erste Textzeile hinter einer Überschrift wird daraufhin in Ihrem Dokument eingeblendet.

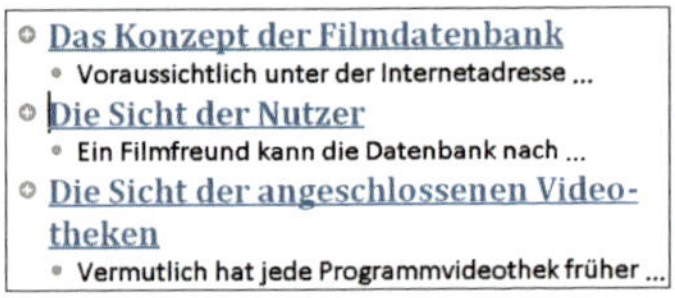

5 Überschriften erscheinen auch in der Gliederungsansicht formatiert, solange sich im Kästchen ●

ein Haken befindet. Entfernen Sie den Haken per Mausklick in das Kästchen, werden die Überschriften nur noch unformatiert angezeigt.

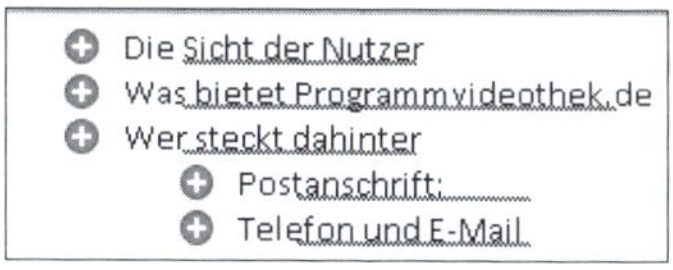

Die Formatierung selbst bleibt davon aber unberührt, nur die Darstellung ändert sich.

6 Um jetzt noch mehr Text ins Blickfeld zu bekommen, klicken Sie doppelt auf das Pluszeichen vor einer Überschrift, beispielsweise auf ●.

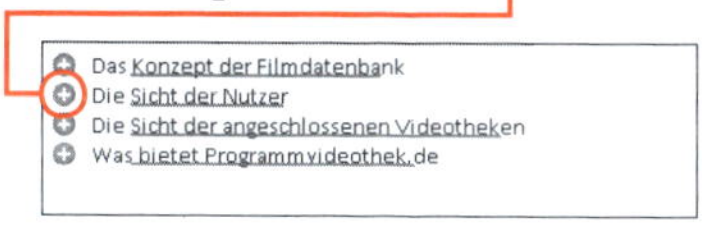

Dann wird der komplette Text des dazugehörigen Abschnitts eingeblendet: ●.

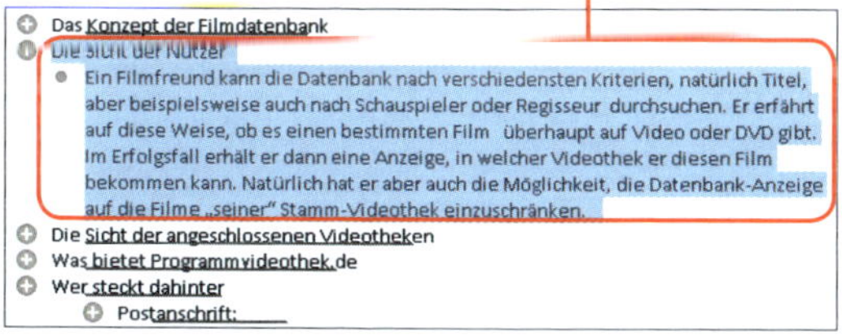

Sollte hingegen die Option

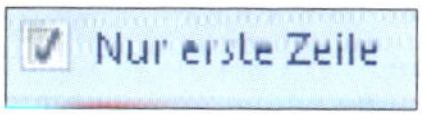

aktiviert sein (siehe Schritt 4), bekommen Sie natürlich nur die erste Zeile zu sehen.

Schnell zwischen den Ansichten wechseln

Um zwischen den verschiedenen Ansichtsformen, die Word Ihnen bietet, zu wechseln, ist es nicht zwingend erforderlich, dass das Ansichts-Register im Vordergrund der Multifunktionsleiste steht. In der Statusleiste finden Sie nämlich normalerweise Symbole, mit denen Sie die verschiedenen Darstellungsformen aufrufen können. Von links nach rechts sind dies die Layoutansicht, der Lesemodus, die Weblayoutansicht (die Sie nur benötigen, wenn Sie mit Word Internetseiten gestalten wollen), die Gliederungs- und die Entwurfsansicht.

Wie bereits auf Seite 10 gezeigt, können Sie zudem in der Statusleiste den Zoomfaktor, also die Größe der Dokumentdarstellung, wählen.

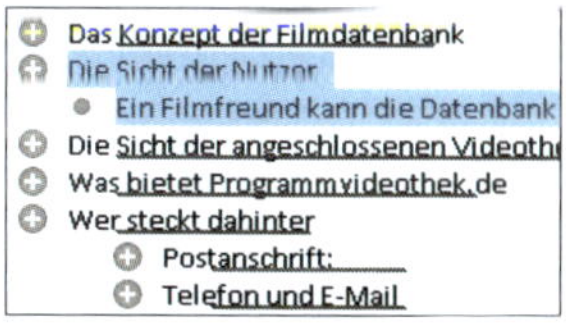

Durch einen erneuten Doppelklick auf das Pluszeichen blenden Sie den Text wieder aus.

7 In der Gliederungsansicht ist es ein Kinderspiel, komplette Absätze im Dokument anders anzuordnen. Wollen Sie beispielsweise den dritten Abschnitt an die zweite Stelle setzen, klicken Sie

einmal auf das Pluszeichen ●,

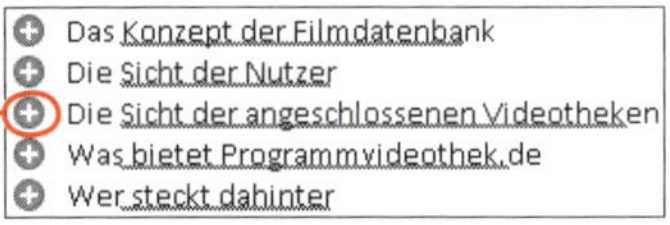

um die Überschrift zu markieren,

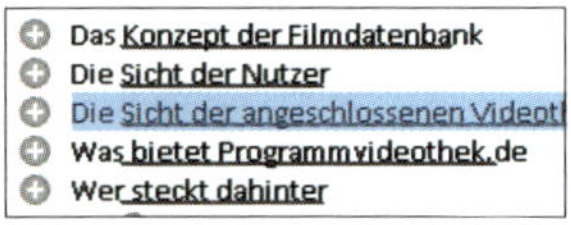

und danach auf den nach oben weisenden Pfeil ●.

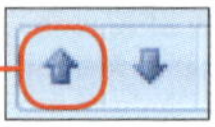

Sofort werden sowohl die Überschrift als auch der dazugehörige Text eine Position nach oben verschoben: ●.

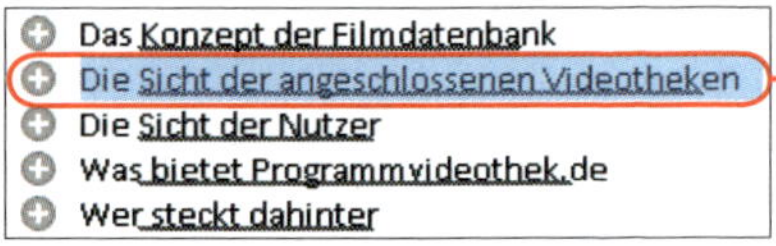

8 Zum Verlassen der Gliederungsansicht klicken Sie einfach rechts auf dem Gliederungsregister auf ●.

Navigationshilfen nutzen

Word stellt Ihnen zwei Hilfen zur Verfügung, die Ihnen die Navigation in umfangreichen Dokumenten erleichtern.

1 Sowohl in der Layout- als auch in der Entwurfsansicht können Sie sich die Dokumentstruktur in einer separaten Spalte anzeigen lassen. Klicken Sie dazu im Ansichts-Register in das Kästchen ●,

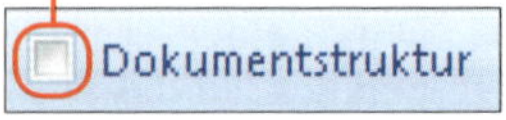

das daraufhin mit einem Haken versehen wird.

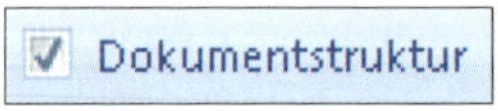

Anschließend tauchen in einer Spalte am linken Rand die Überschriften Ihres Dokuments auf, für die Sie Formatvorlagen verwendet haben: ●.

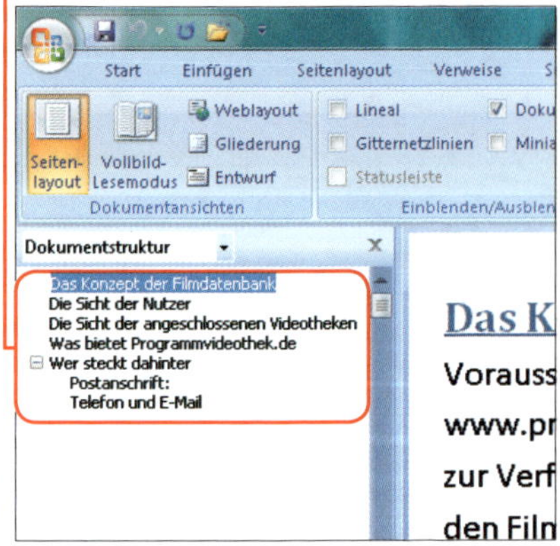

2 Sobald Sie jetzt auf eine der Überschriften klicken, beispielsweise ●,

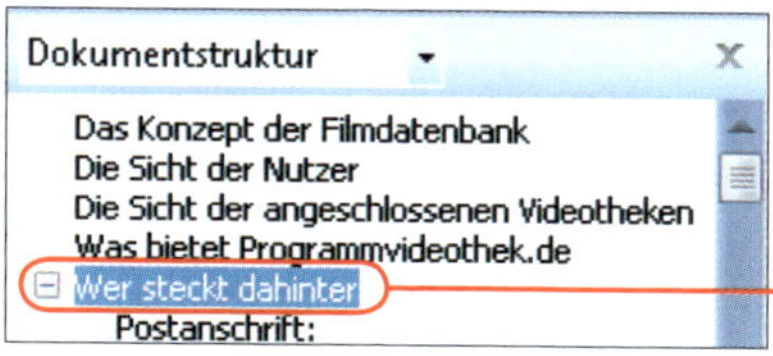

springt die Seitenanzeige auf Ihrer Arbeitsfläche umgehend zum entsprechenden Abschnitt.

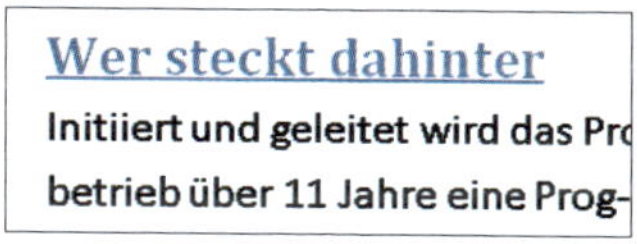

3 An der Einrückung können Sie die jeweilige Überschriften-Ebene erkennen. Damit zum Beispiel die Überschriften der zweiten Ebene ausgeblendet werden, klicken Sie auf das Minuszeichen ●,

das sich daraufhin in ein Pluszeichen verwandelt. Wollen Sie sie wieder einblenden, brauchen Sie nur auf das Pluszeichen ● zu klicken.

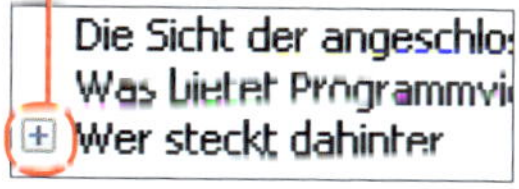

4 Um die Spalte mit der Dokumentstruktur wieder auszublenden, klicken Sie entweder in das Kästchen ●,

um den Haken zu entfernen, oder in der entsprechenden Spalte auf das Schließkreuz.

5 Alternativ zur Dokumentstruktur können Sie auch Miniaturansichten der Seiten aufrufen und zur Navigation verwenden. Setzen Sie dazu im Ansichts-Register per Mausklick in das Kästchen ●

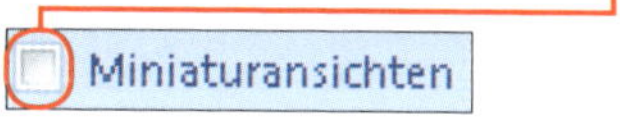

einen Haken, damit die Option aktiviert wird.

6 Ebenso wie sich mithilfe der Dokumentstruktur bestimmte Abschnitte eines Dokuments aufrufen lassen, können Sie auch mithilfe der Miniaturansichten blitzschnell bestimmte Seiten ansteuern. Klicken Sie einfach auf ein Vorschaubild, im Beispiel ●, – und schon wird Ihnen die entsprechende Seite im Arbeitsbereich präsentiert: ●.

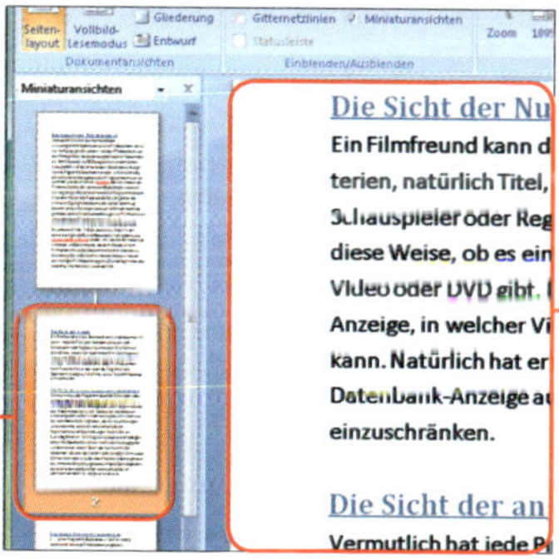

7 Die Spalte mit den Miniaturansichten können Sie ausblenden, indem Sie entweder im Register auf

oder ganz oben in der Spalte neben dem Eintrag „Miniaturansichten“ auf das Schließkreuz klicken.

Gleichzeitig zwei Stellen eines Textes ansehen

Wenn Sie sich die Dokumentstruktur oder die Miniaturansichten anzeigen lassen, können Sie schon recht flott zwischen verschiedenen Stellen Ihres Dokuments hin und her wechseln. Word bietet Ihnen aber noch mehr: Sie können sich zur Feinabstimmung zwei Stellen Ihres Dokuments gleichzeitig im Programmfenster anzeigen lassen.

1 Damit Sie den direkten Vergleich zwischen zwei Stellen eines Dokuments haben, müssen Sie den Bildschirm zunächst „teilen“. Klicken Sie dazu im Ansichts-Register auf

.

Daraufhin erscheint eine Linie auf der Arbeitsfläche,

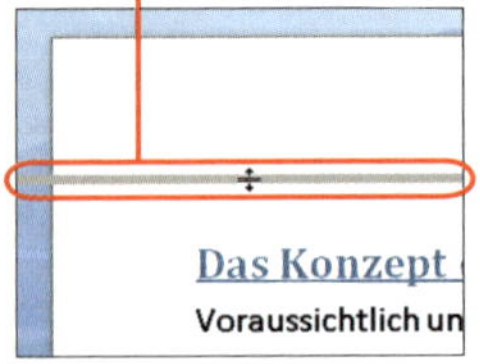

die Sie mithilfe der Maus nach unten oder oben bewegen können.

2 Um diese Trennlinie jetzt zu fixieren, klicken Sie mit der Maus in einer beliebigen Höhe - sinnvoll ist natürlich halbwegs die Mitte der Arbeitsfläche: .

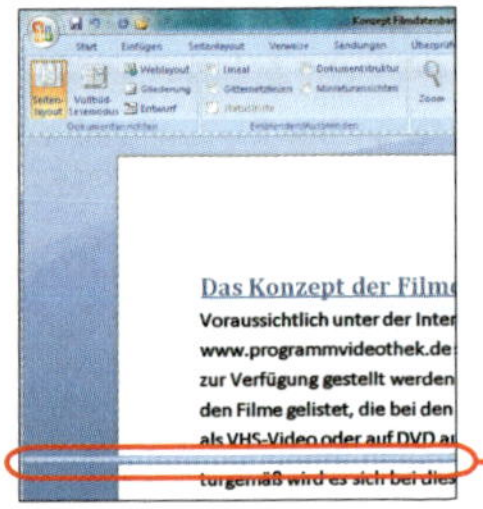

3 Sowohl in der oberen als auch in der unteren Hälfte befinden sich nun getrennte Bildlaufleisten. In beiden Hälften können Sie sich jeweils andere oder auch identische Stellen des Dokuments ansehen.

4 Um die Trennlinie zu entfernen und wieder einen „normalen“ Blick auf Ihr Dokument zu bekommen, brauchen Sie in der Multifunktionsleiste nur auf

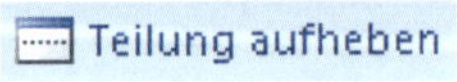

zu klicken.

7 Texte mit Tabellen und Bildern illustrieren

Bilder sagen oft mehr als tausend Worte. Getreu dieser Devise können Sie Ihre Dokumente häufig durch grafische Elemente aufwerten. Dabei haben Sie nicht nur die Möglichkeit, eigene Bilder einzubinden. Word stellt Ihnen auch eine Vielzahl fix und fertiger Zeichenelemente zur Verfügung. Sie brauchen also gar kein besonderes künstlerisches Talent, um Ihren Text professionell zu illustrieren. Alle grafischen Elemente können Sie bis ins Detail abwandeln, also beispielsweise mit Rahmen versehen. Auch eine andere Strichstärke oder Farbe lässt sich problemlos wählen.

Ein weiteres Gestaltungselement sind Tabellen. Damit können Sie Daten übersichtlich und klar darstellen und somit zum Verständnis eines Sachverhalts beitragen.

Im siebten Kapitel dieses Buches erfahren Sie,

- wie Sie ein Bild in Ihren Text einfügen,
- wie Sie Text um dieses Bild fließen lassen,
- wie Sie eine Telefonliste erfassen und sortieren,
- wie Sie einen Hinweis auf einem Schild optisch unterstreichen
- und wie Sie eine originelle Party-Einladung gestalten.

Kapitel-Wegweiser

Eigene Bilder in einen Text einfügen

Heutzutage gibt es kaum noch einen Zeitungs- oder Zeitschriftenartikel, der nicht mit Bildern illustriert wird. Mit Word als Textverarbeitungsprogramm brauchen auch Sie nicht auf diese Illustrationsmöglichkeit zu verzichten.

1 Positionieren Sie zunächst die **Einfügemarke** an der Stelle, an der Sie das Bild einbinden möchten, etwa ●,

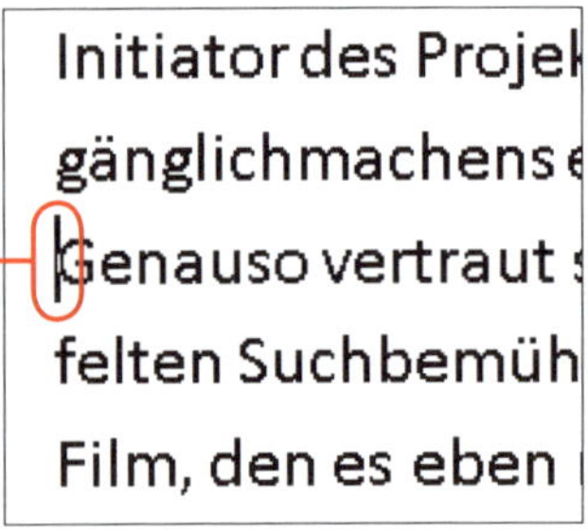

und klicken Sie dann in der **Multifunktionsleiste** auf den Registerreiter

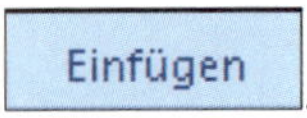

.

2 Um nun ein Bild einzubauen, klicken Sie im daraufhin geöffneten Registerfenster auf ●

und begeben sich dann zum Speicherort Ihrer Bilddatei. Sollte diese sich im Bilder-**Ordner** befinden, klicken Sie also auf ●.

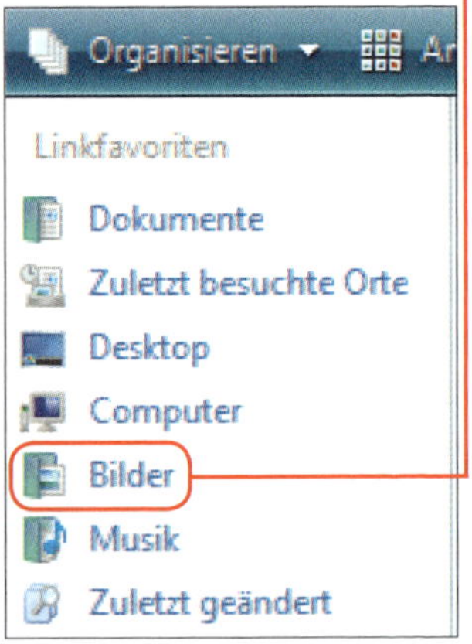

3 Setzen Sie anschließend per Mausklick auf die Datei eine Markierung, etwa ●,

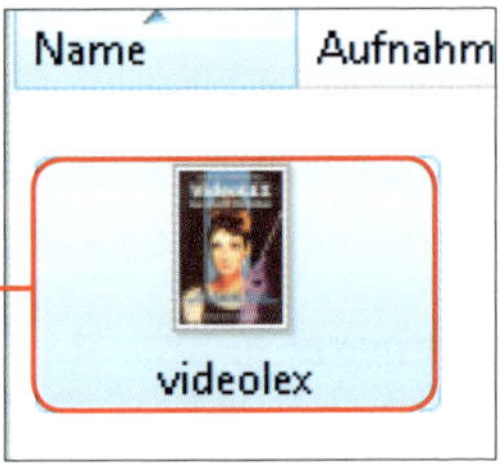

und klicken Sie dann auf die Schaltfläche

.

Das Bild wird daraufhin in Ihren Text eingefügt. An den Punkten am Rand (die „Anfasser“ genannt werden) können Sie erkennen, dass es auch schon markiert ist.

4 Mit diesen Anfassern lässt sich das Bild in der Größe verändern. Wollen Sie es beispielsweise etwas verkleinern, dabei aber die Proportionen, also das Verhältnis von Bildhöhe zu Bildbreite beibehalten, führen Sie den Mauszeiger über den Anfasser rechts oben, bis er seine Form verändert: .

Drücken Sie dann die linke Maustaste, und führen Sie mit weiterhin gedrückter Maustaste eine Ziehbewegung nach links unten aus, bis das Bild die gewünschte Größe hat. Dann lassen Sie die Maustaste los. Fertig.

5 Wenn ein Bild markiert ist, erscheint in der Multifunktionsleiste ein zusätzliches Register, das vielfältige Bearbeitungsmöglichkeiten bietet: .

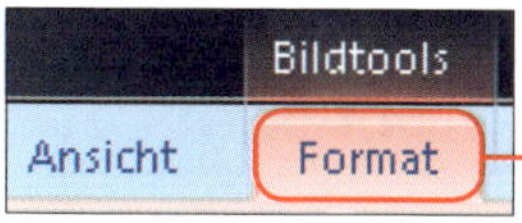

Um ein Bild zu **markieren**, brauchen Sie es nur in Ihrem Dokument anzuklicken.

6 Im Register „Format“ finden Sie unter anderem auch den Befehl, mit dem Sie den Textfluss steuern können. Klicken Sie dort auf

und in der Liste, die daraufhin aufklappt, zum Beispiel auf den Eintrag

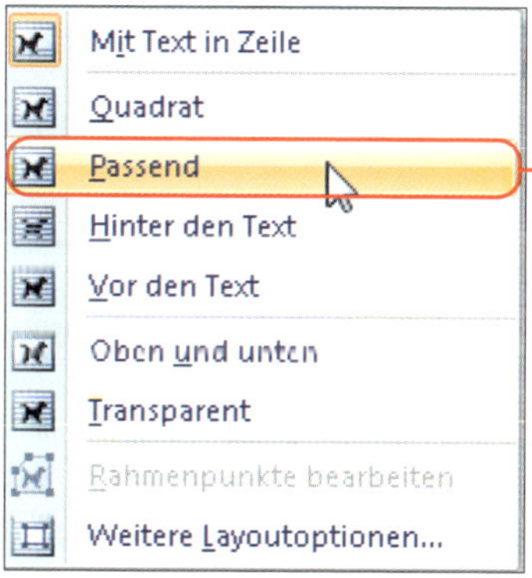

Damit erreichen Sie, dass der Text um das Bild herumfließt. Im Gegensatz zur Abbildung in Schritt 3 dieser Anleitung sehen Sie, dass jetzt auch der Platz rechts der Abbildung mit Text gefüllt ist: ●.

Das sieht zweifellos professioneller aus.

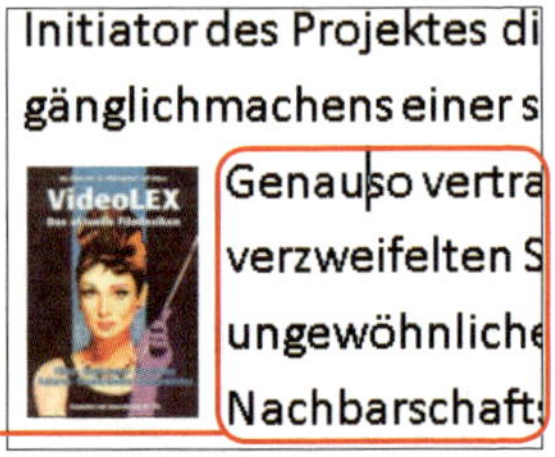

Bilder mit schicken Effekten aufwerten

Word bietet Ihnen eine Fülle von Bearbeitungsmöglichkeiten für Bilder, die Sie in Ihr Dokument eingebunden haben. Hier einige Beispiele:

1 Ein Bild, das Sie bearbeiten möchten, muss als Erstes markiert werden. Klicken Sie dazu also gegebenenfalls auf das gewünschte Bild und dann im Bild-Register auf ●.

Daraufhin öffnet sich eine Auswahl von Vorlagen. Sobald Sie den Mauszeiger über ein Symbol führen, beispielsweise ●,

sehen Sie in Ihrem Dokument als Vorschau, wie sich die Anwendung auswirken würde. Im Beispiel würde das Bild mit einem Schatteneffekt versehen: ●.

2 Bei der Auswahl einer geeigneten Auswahl bietet Ihnen Word außer der Vorschau noch eine weitere Hilfe. Halten Sie den Mauszeiger einige Augenblicke über einem Symbol, wird eine Beschreibung sichtbar: ●.

Um eine Vorlage zu verwenden, brauchen Sie nur auf das Symbol Ihrer Wahl zu klicken. Im Beispiel wird das Bild mit einem besonderen Rahmen versehen.

3 Im Bildbearbeitungs-Register finden Sie aber noch etliche weitere Effekte. Klicken Sie beispielsweise auf ●,

und führen Sie dann den Mauszeiger über den Eintrag ●.

4 Wenn Sie in der Auswahl, die daraufhin seitlich aufklappt, zum Beispiel auf das Symbol ●

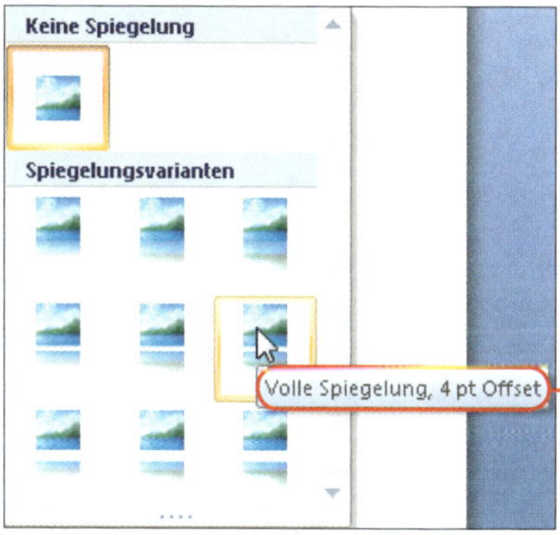

klicken, wird Ihr Bild komplett gespiegelt.

5 Sollten Sie Ihr Bild mit einem Rahmen versehen haben wie in Schritt 2 dieser Anleitung, stehen Ihnen weitere Bearbeitungsmöglichkeiten zur Verfügung. Damit der Rahmen zum Beispiel rot gefärbt wird, klicken Sie auf

und danach auf.

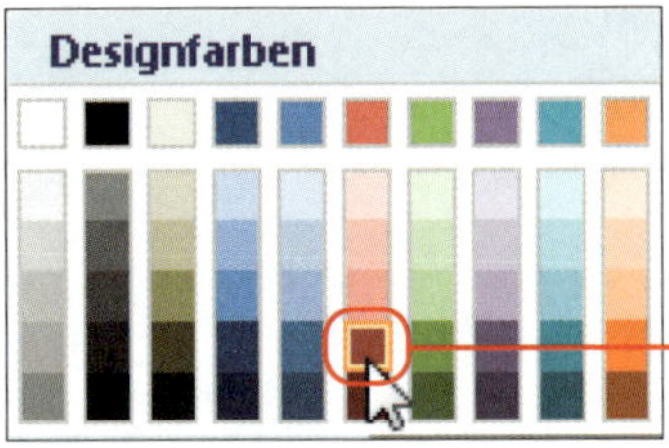

Die Wirkung sehen Sie sofort.

6 Oder Sie führen den Mauszeiger unterhalb der Farbpalette über den Eintrag

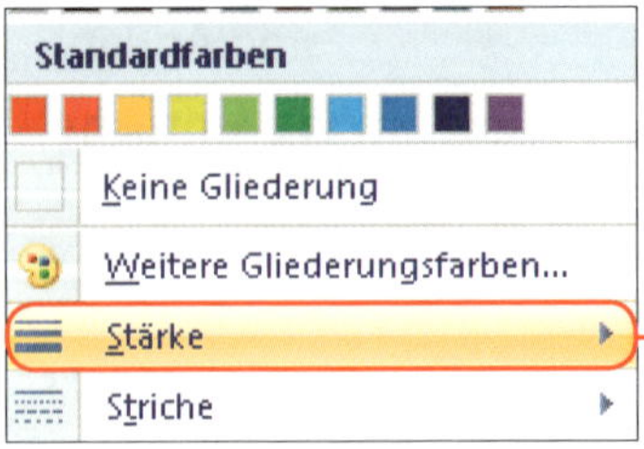

und klicken dann beispielsweise auf.

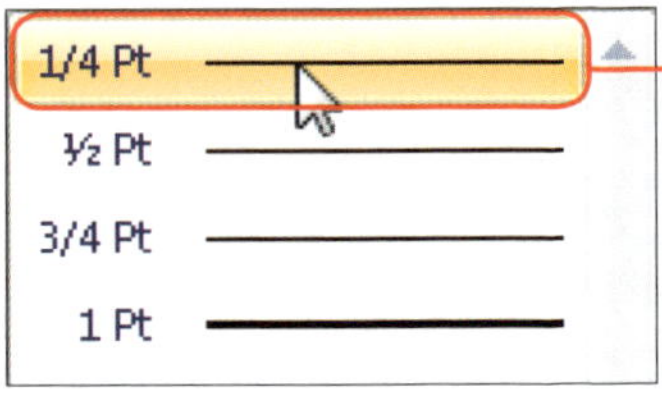

Daraufhin ist der Rahmen nur noch sehr schmal.

Im Gegensatz dazu wird er nach einem Klick auf

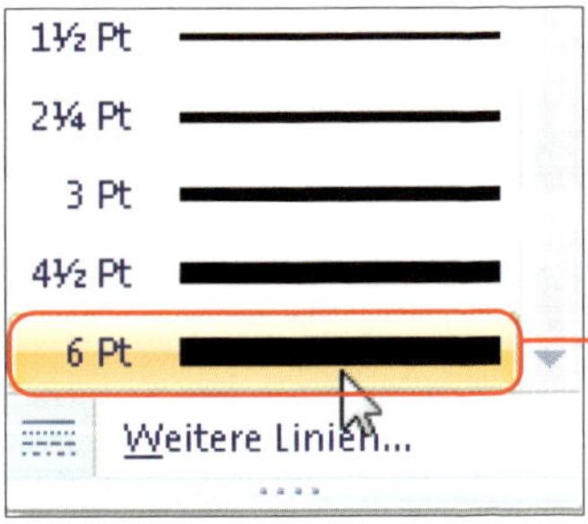

wesentlich breiter.

7 Weitere Bildbearbeitungsmöglichkeiten finden Sie links im Registerfenster.

Um etwa ein Bild mit einer bestimmten Grundfarbe zu überziehen, klicken Sie auf

und dann beispielsweise auf .

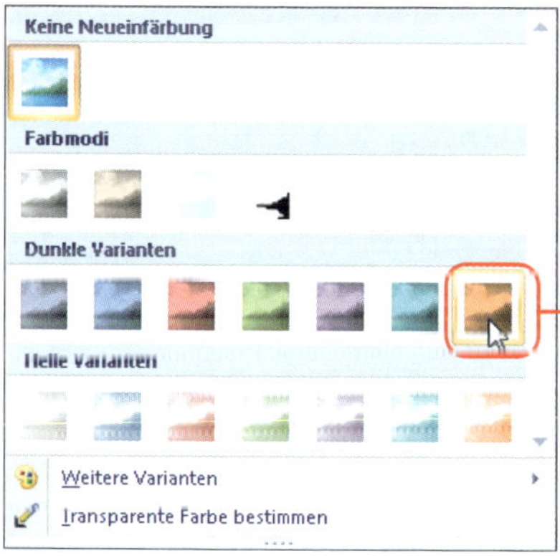

Mit dem Beispieleffekt können Sie Ihr Bild künstlich altern und vergilbt erscheinen lassen.

8 Wenn Sie mit den Bildeffekten experimentieren, schießen Sie schnell einmal übers Ziel hinaus und wenden zu viele Effekte an. Es ist aber kein Problem, noch einmal ganz von vorne anzufangen. Klicken Sie einfach auf

.

Ihr Bild sieht daraufhin wieder genauso aus, wie Sie es ursprünglich eingefügt haben.

Eine Tabelle anlegen

Mit einem Tabellenkalkulationsprogramm wie **Excel** können Sie ausführliche Berechnungen durchführen. Dagegen dienen die Tabellen, die Sie in Word einfügen, nur der übersichtlichen Darstellung von Text. So legen Sie beispielsweise eine Telefonliste an:

1 Nachdem Sie die Einfügemarke an der Stelle positioniert haben, an der die Tabelle eingefügt werden soll,

klicken Sie in der Multifunktionsleiste auf den Registerreiter

und anschließend im geöffneten Einfügen-Register auf ●.

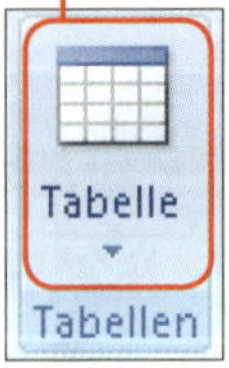

2 Jetzt können Sie ganz fix eine maßgeschneiderte Tabelle anlegen. Wenn Sie zum Beispiel auf das Kästchen ●

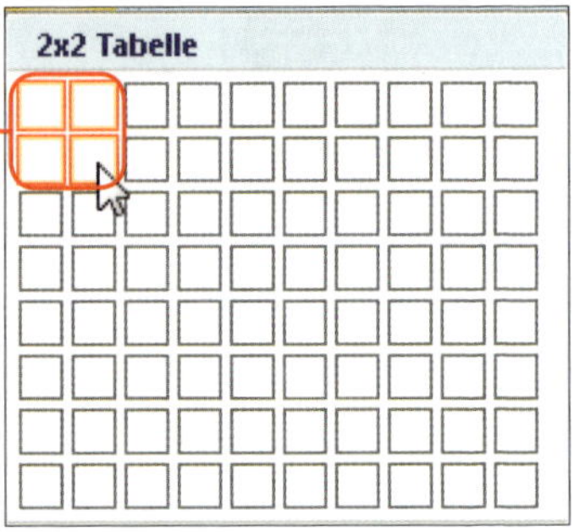

klicken, wird eine Tabelle mit zwei Zeilen und zwei Spalten sichtbar.

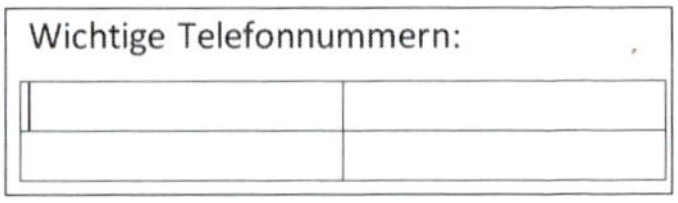

3 Die Einfügemarke befindet sich gleich in der ersten **Zelle**, wie man die Kästchen einer Tabelle nennt. Tippen Sie daher die erste Bezeichnung ein, etwa ●, und drücken Sie danach die [Tab]-Tabulatortaste. Die Einfügemarke springt anschließend in die zweite Zelle der ersten Zeile: ●.

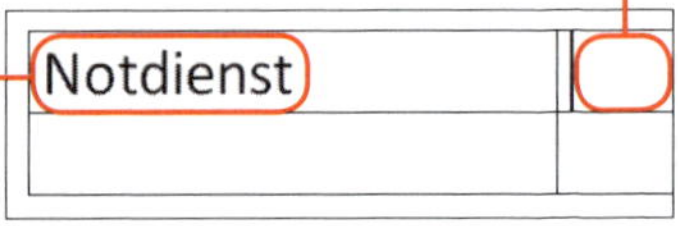

4 Aber Achtung: Wenn Sie dort eine Telefonnummer eingetippt haben, drücken Sie nicht etwa auf [↵]! Denn damit würden Sie lediglich innerhalb der Zellen der ersten Zeile eine weitere Zeile einfügen: ●.

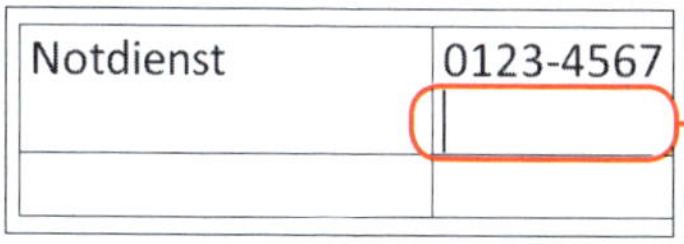

Drücken Sie stattdessen erneut die Taste ⇆. Dann springt die Einfügemarke nämlich wie gewünscht in die erste Zelle der zweiten Zeile, und Sie können die nächste Bezeichnung eintragen.

5 Um das Tabellenende brauchen Sie sich nicht zu kümmern. Wenn Sie nämlich die letzte Zelle rechts unten in der Tabelle ausgefüllt ●

und danach auf die ⇆-Taste gedrückt haben, erscheint umgehend eine weitere Zeile: ●.

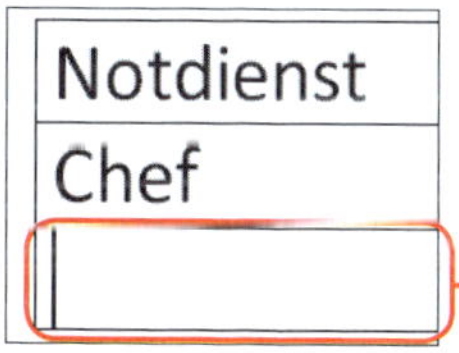

6 Auch weitere Spalten können Sie bei Bedarf hinzufügen. Falls Sie Ihre Telefonliste beispielsweise um eine Spalte für Kurzwahlnummern ergänzen wollen, gehen Sie folgendermaßen vor: Positionieren Sie zunächst die Einfügemarke in einer beliebigen Zelle der zweiten Spalte, etwa hier: ●.

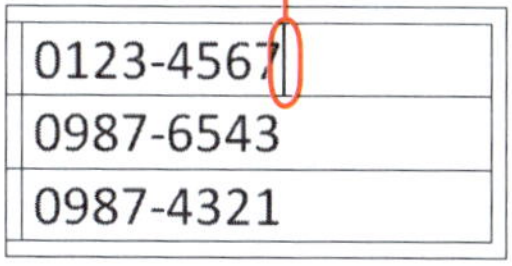

7 Wenn sich die Einfügemarke nämlich innerhalb einer Tabelle befindet, erscheinen in der Multifunktionsleiste automatisch zwei zusätzliche Register. Nach einem Klick auf den Registerreiter ●

und danach auf den Eintrag ●

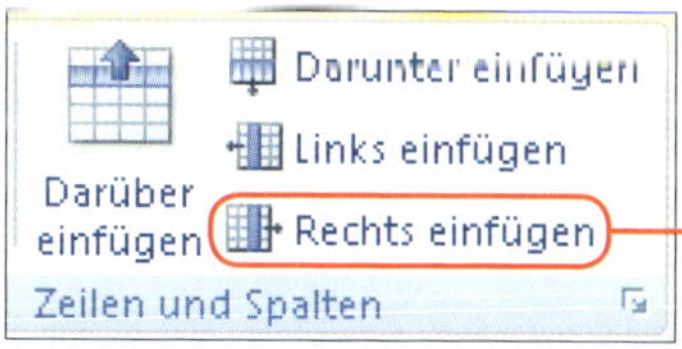

erscheint eine zusätzliche Spalte in Ihrer Tabelle ●,

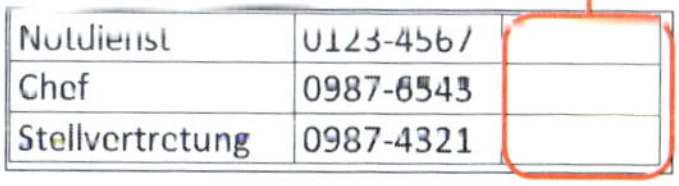

die Sie dann ganz normal ausfüllen können.

Daten einer Tabelle sortieren

Die Daten, die Sie in einer Tabelle erfassen, können Sie auch sortieren. Im Beispiel soll die Telefonliste des vorigen Abschnitts nach den Werten der ersten Spalte sortiert werden.

1 Positionieren Sie die Einfügemarke in einer beliebigen Zelle der Tabelle, etwa hier,

Notdienst	0123-4567	01
Chef	0987-6543	02
Stellvertretung	0987-4321	03

und klicken Sie dann in der Multifunktionsleiste auf .

2 Auf der Layout-Registerkarte für Tabellen, die dadurch in den Bildschirmvordergrund rückt, klicken Sie auf

und anschließend auf

.

3 Im Fenster, das daraufhin angezeigt wird, können Sie die Sortierungskriterien festlegen. Da die Tabelle nach den Werten der ersten Spalte sortiert werden soll, lassen Sie die Einstellung

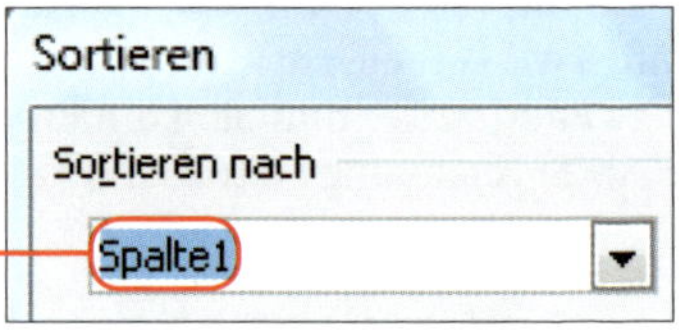

unverändert. Auch die Voreinstellung für die Sortierreihenfolge

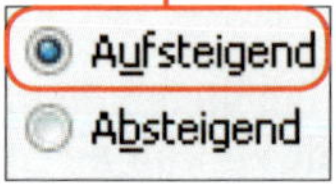

können Sie beibehalten. Aufsteigend bedeutet nämlich bei Zahlen, dass die kleinsten Werte zuerst kommen, und bei Texten wie im Beispiel, dass die Sortierung von A nach Z erfolgt.

4 In der Beispieltabelle befinden sich in der ersten Zeile keine Überschriften, sondern gleich Daten. Sie können daher auch die Einstellung

beibehalten und gleich auf die Schaltfläche

klicken. Die Tabelle ist jetzt wunschgemäß nach den Werten der ersten Spalte, also alphabetisch sortiert: .

Die jeweiligen Telefon- und Kurzwahlnummern bleiben natürlich korrekt zugeordnet.

Wichtige Telefonnummern:		
Chef	0987-6543	02
Notdienst	0123-4567	01
Stellvertretung	0987-4321	03

Weitere Illustrationsmöglichkeiten nutzen

Neben Bildern und Tabellen bietet Word Ihnen noch eine Fülle weiterer grafischer Gestaltungselemente, mit denen Sie Ihre Dokumente aufpeppen können. Hier eine kleine Übersicht:

1 Alle Gestaltungselemente, die in diesem Abschnitt vorgestellt werden, finden Sie im Einfügen-Register. Um dieses in den Vordergrund zu holen, klicken Sie daher auf den Registerreiter

.

2 Wenn Sie dann zum Beispiel auf den Eintrag

klicken, öffnet sich eine enorme Auswahl von Grafiken und Symbolen. Nun können Sie mit einem Mausklick auf etwa bei einem Verbotsschild auch optisch unterstreichen, dass es ab hier nicht weitergeht.

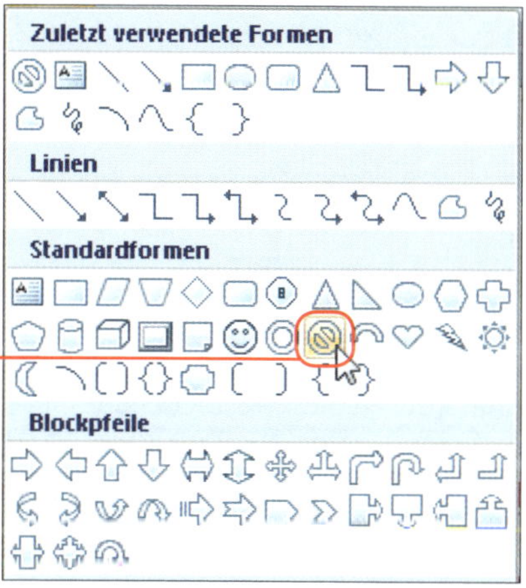

3 Auf komplexere vorgefertigte Grafiken können Sie zugreifen, wenn Sie im Einfügen-Register auf

klicken. Wählen Sie dann zunächst eine Kategorie, etwa ●,

und klicken Sie anschließend doppelt auf eine Vorlage, die Ihnen gefällt, im Beispiel ●.

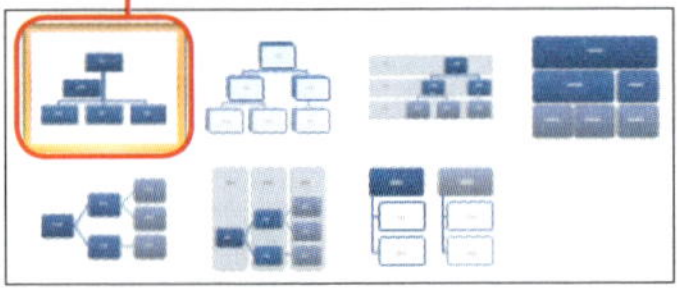

Auf diese Weise können Sie beispielsweise ein Organigramm erstellen.

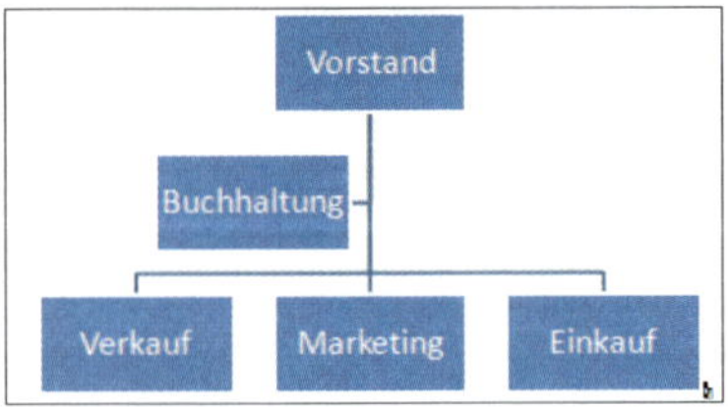

4 Nicht weniger einfach ist es, eine optisch ansprechende Einladung zu einer Party zu gestalten. Klicken Sie einfach im Einfügen-Register auf den Eintrag

und danach beispielsweise auf ●.

Im nächsten Fenster brauchen Sie nur noch einen Text einzutippen und dann zur Bestätigung auf

zu klicken. Sofort werden die Buchstaben wunschgemäß eingefärbt.

8 Zusammenarbeit optimieren

Es gibt heutzutage kaum noch einen Beruf, in dem Sie still und alleine vor sich hin werkeln können. Der Trend zur Teamarbeit setzt sich immer mehr durch, denn erst wenn alle zusammenarbeiten, kann sich Erfolg dauerhaft einstellen. In besonderem Maße gilt dies auch für Büroarbeit. Da wundert es nicht, dass ein Profiprogramm wie Word vielerlei Funktionen bereithält, die Ihnen diese Zusammenarbeit mit anderen ermöglichen. Aber selbst wenn Sie Word ausschließlich oder zumindest vornehmlich im privaten Bereich nutzen, werden Sie auf den folgenden Seiten ein paar nützliche Tipps finden.

Im achten Kapitel dieses Buches erfahren Sie,

- was Sie tun müssen, damit Ihr Dokument auch mit älteren Word-Versionen bearbeitet werden kann,
- wie Ihr Text auf jedem Computer gelesen werden kann,
- wie Sie Änderungen an Ihrem Dokument nachvollziehen können,
- wie Sie Anmerkungen und Fragen in Ihrem Text einfügen,
- was Sie tun sollten, bevor Sie ein Dokument weitergeben,
- und wie Sie den Zugriff auf Ihr Dokument mit einem Passwort schützen.

Kapitel-Wegweiser

Mit früheren Word-Versionen zusammenarbeiten

Word ist schon seit vielen Jahren das meist genutzte Textverarbeitungsprogramm. Es ist daher auf den allermeisten Windows-Rechnern installiert. Allerdings dürfen Sie nicht davon ausgehen, dass auch jeder über die neueste Version 2007 dieses Programms verfügt. Wenn Sie Dokumente mit anderen gemeinsam bearbeiten möchten, müssen Sie daher unbedingt beachten, dass Word 2007 ein ganz anderes Dateiformat verwendet als frühere Versionen. Dieses neue Format bietet zwar vor allem unter Sicherheitsaspekten viele Vorteile gegenüber dem alten Format. In der Praxis stellt sich jedoch das Problem, dass ein Dokument, das Sie mit Word 2007 geschrieben haben, in früheren Versionen nicht ohne Weiteres gelesen werden kann.

Es gibt jedoch einen Trick, mit dem Sie dieses Problem lösen können. Im Folgenden erfahren Sie, wie Sie Ihr Dokument an jemanden weitergeben können, obwohl er nicht über 2007 verfügt.

1 Damit Ihr Dokument auch mit früheren Word-Versionen gelesen und bearbeitet werden kann, speichern Sie es im sogenannten Kompatibilitätsmodus ab. Das geht ganz unkompliziert. Klicken Sie zunächst ganz normal auf das Office-Symbol

und anschließend auf

.

2 Anstatt, wie Sie es normalerweise tun würden, in der seitlich erscheinenden Auswahl auf ● zu klicken, wählen Sie nun aber mit einem Mausklick den Eintrag ●.

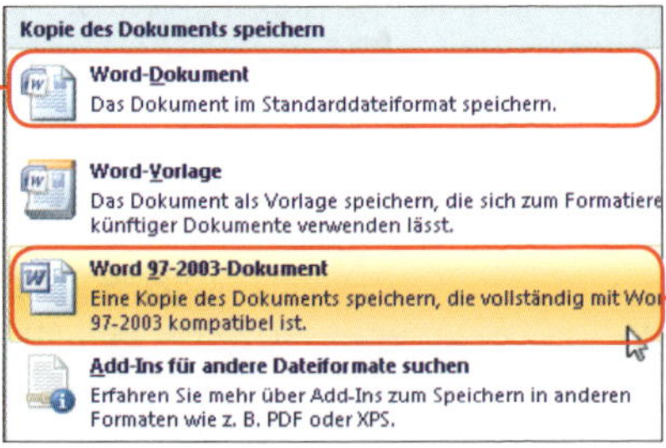

3 Ab jetzt geht es wieder ganz normal weiter. Begeben Sie sich also zum Ordner, in dem Sie die Datei speichern wollen. Als Dateityp erscheint jetzt ●.

Behalten Sie diese Auswahl bei, und klicken Sie einfach auf

.

4 Das Dokument ist jetzt in einem Format gespeichert, das mit früheren

Word-Versionen verträglich, also kompatibel ist. Einen entsprechenden Hinweis finden Sie übrigens in der Titelleiste, im Beispiel sieht das so aus: .

Word-Dokument als PDF-Datei speichern

Zwar ist Word weit verbreitet, aber natürlich gibt es auch viele Computer-Nutzer, die mit anderen Programmen arbeiten und daher mit Word-Dokumenten überhaupt nichts anfangen können. Wollen Sie daher sichergehen, dass jeder Ihren Text lesen kann, speichern Sie Ihr Dokument als **PDF**-Datei, bevor Sie es weitergeben. PDF-Dateien können praktisch von jedem Computer-Nutzer gelesen werden, da es das dazu nötige kostenlose Leseprogramm für alle **Betriebsprogramme** gibt.

1 Damit Sie Dokumente als PDF-Dateien speichern können, benötigt Word ein kleines Zusatzprogramm, das Sie sich kostenlos von den Microsoft Internetseiten herunterladen können. Stellen Sie daher zunächst eine Internetverbindung her, und klicken Sie dann auf

sowie auf

.

In der Liste, die nun seitlich ausklappt, wählen Sie mit einem Mausklick den passenden Eintrag .

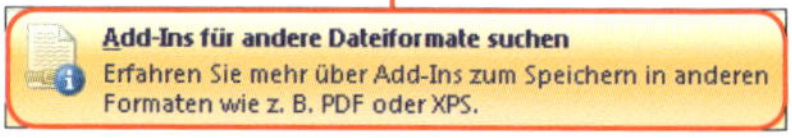

2 Daraufhin werden Sie mit einer Internetseite von Microsoft verbunden. Nachdem Sie dort auf den Verweis

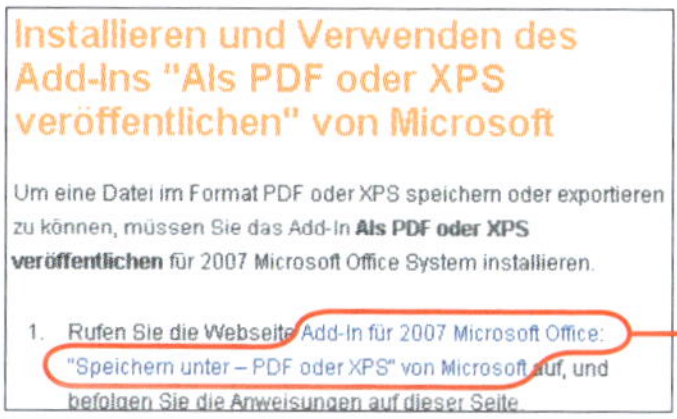

geklickt haben, will Microsoft als Erstes wissen, ob Ihre Word-Version legal ist. Um diese Prüfung zuzulassen, klicken Sie auf .

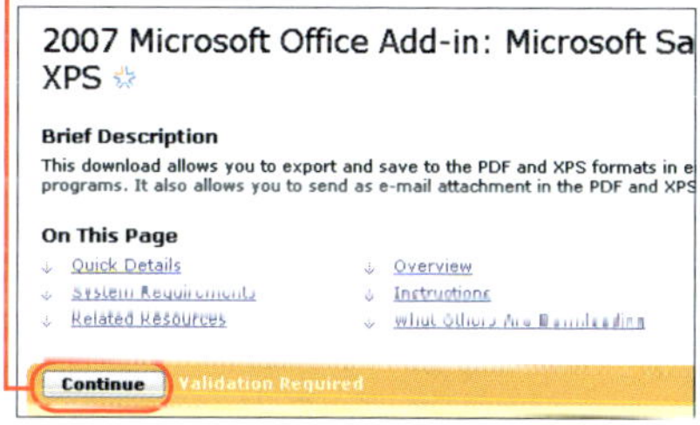

3 Damit die Prüfung durchgeführt werden kann, ist die Installation eines kleinen Prüfprogramms nötig. Aus Sicherheitsgründen wird die Installation zunächst geblockt. Nehmen Sie daher das Meldefenster per Klick auf

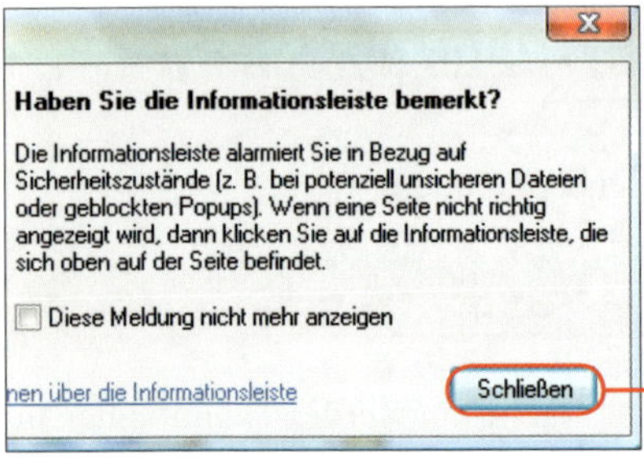

zur Kenntnis, und klicken Sie dann in die Meldezeile

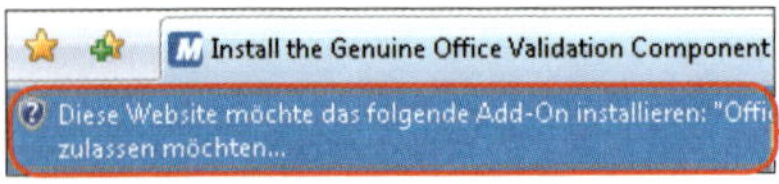

und in der daraufhin erscheinenden Befehlsauswahl auf .

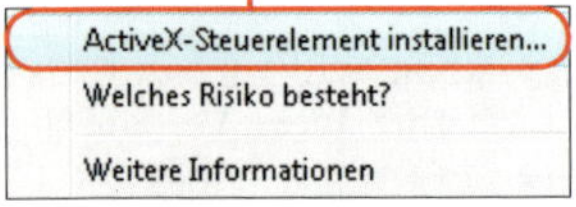

4 Im nachfolgenden Dialogfenster klicken Sie auf die Schaltfläche

und im Hinweisfenster, das anschließend angezeigt wird, auf

.

Nach wenigen Augenblicken ist die Prüfung durchgeführt.

5 Auf der Microsoft-Internetseite erscheint jetzt die Schaltfläche .

Klicken Sie darauf sowie im folgenden Fenster auf .

6 Wenn Sie im nächsten Fenster die Lizenzbedingungen gelesen haben, setzen Sie zum Zeichen Ihres Einverständnisses per Mausklick einen Haken in das Kästchen

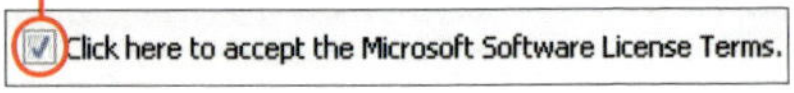

und klicken dann auf die Schaltfläche

.

7 Danach folgt erneut ein Warnhinweis, den Sie aber wieder mit einem Mausklick auf

ignorieren können. Das Zusatzprogramm, mit dessen Hilfe Sie PDF-Dateien erzeugen können, wird daraufhin installiert. Die Erfolgsmeldung nehmen Sie wie üblich per Klick auf ●

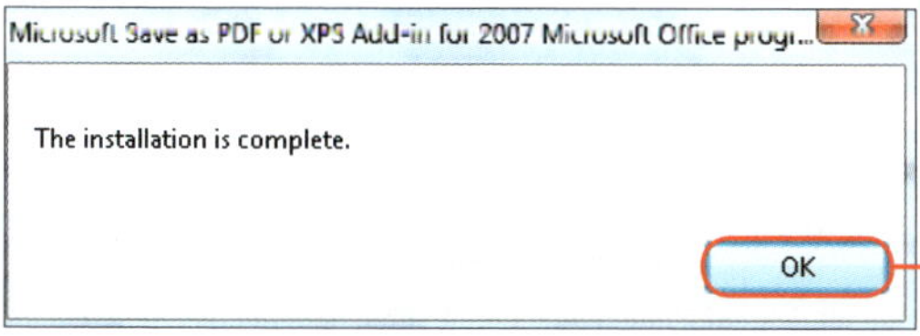

zur Kenntnis.

8 Das war es auch schon. Wenn Sie künftig ein Dokument als PDF-Datei speichern wollen, klicken Sie auf

,

danach auf

und schließlich auf den jetzt sichtbaren Eintrag ●.

9 Geben Sie der Datei wie gewohnt einen Namen, im Beispiel ●, lassen Sie die Einstellung ●

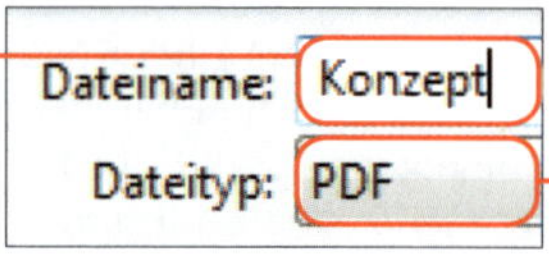

unverändert, und klicken Sie zum Schluss auf die Schaltfläche

.

Das Zusatzprogramm, das Sie in diesem Abschnitt auf Ihren Rechner überspielt haben, steht übrigens auch für andere Office-Programme wie Excel zur Verfügung.

Leseprogramm für PDF-Dateien besorgen

Das Leseprogramm, mit dem PDF-Dateien gelesen werden können, heißt Adobe Reader. Sie können es sich kostenlos im Internet unter der Adresse **www.adobe.de** besorgen, falls es nicht sowieso schon auf Ihrem Rechner installiert sein sollte. Wenn Sie sich nicht sicher sind, ob Sie das Programm schon haben, begeben Sie sich einfach zum Speicherort einer PDF-Datei und klicken Sie doppelt darauf. Der Adobe-Reader wird dann automatisch gestartet, wenn er sich auf Ihrem Rechner befindet.

Dokumente überarbeiten

In der Praxis kommt es häufig vor, dass Sie ein Dokument zur Überarbeitung erhalten. Word bietet Ihnen in diesem Zusammenhang eine praktische Funktion, mit deren Hilfe sich Änderungen nachvollziehen lassen. Von Fall zu Fall kann dann später von Ihnen oder dem eigentlichen Autor entschieden werden, ob die Änderungen auch tatsächlich durchgeführt werden sollen oder nicht.

1 Öffnen Sie zunächst das Dokument, das Sie überarbeiten wollen. Klicken Sie dann in der Multifunktionsleiste auf den Registerreiter

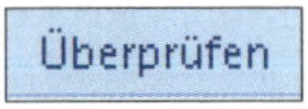

und anschließend auf das Symbol ●.

2 Von nun an werden alle Änderungen, die Sie vornehmen, in Ihrem Dokument angezeigt – und zwar so lange, bis Sie den Überarbeitungsmodus durch einen erneuten Klick auf dieses Symbol wieder ausschalten. Auf welche Weise die Änderungen dargestellt werden, können Sie selbst festlegen. Klicken Sie dazu auf

.

3 In der Auswahl, die daraufhin aufklappt, können Sie sich zwischen zwei Varianten entscheiden. Befindet sich der Haken im oberen Kästchen ●,

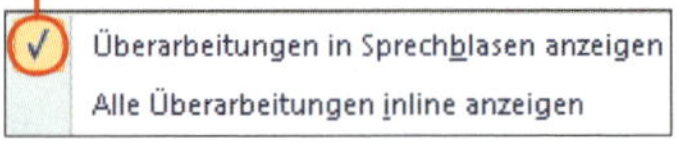

werden Ihre Änderungen in Form von Sprechblasen am rechten Rand angezeigt.

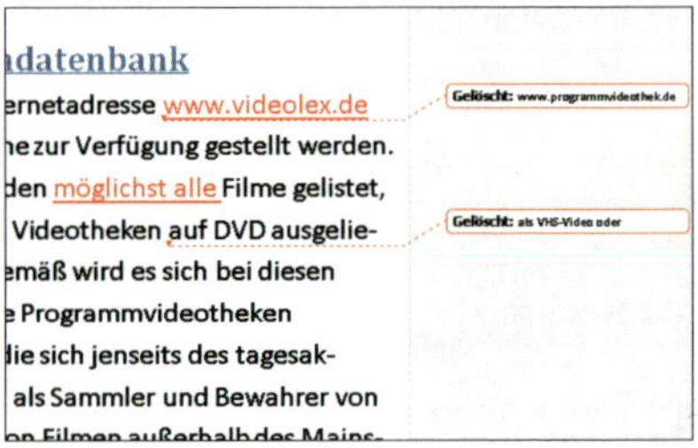

Wählen Sie dagegen mit einem Mausklick die untere Variante ●,

erscheinen die Änderungen innerhalb des Textes.

Das Konzept der Filmdatenbank

Voraussichtlich unter der Internetadresse ~~www.programmvideothek.de~~www.videolex.de soll eine Filmdatenbank online zur Verfügung gestellt werden. In dieser Filmdatenbank werden möglichst alle Filme gelistet, die bei den angeschlossenen Videotheken ~~als VHS-Video oder~~ auf DVD ausgeliehen werden können. Naturgemäß wird es sich bei diesen Videotheken um so genannte Programmvideotheken handeln, um Verleiher also, die sich jenseits des tagesaktuellen Filmgeschehens auch als Sammler und Bewahrer von

4 Sie können das Dokument jederzeit speichern und weiter- oder an den Autor zurückgeben. Wer auch immer das Dokument dann öffnet, kann entscheiden, was mit den Änderungen geschehen soll. Wenn Sie es sind, der diese Entscheidung trifft, gehen Sie folgendermaßen vor: Holen Sie gegebenenfalls das Überarbeiten-Register in den Vordergrund. Um zwischen den einzelnen Änderungen hin- und herzuspringen, klicken Sie auf ● beziehungsweise ●.

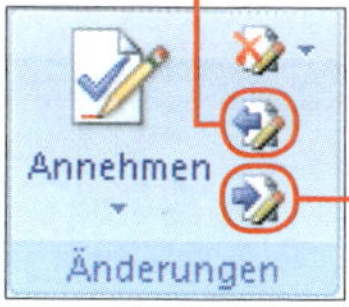

5 Wenn Sie eine Änderung akzeptieren wollen, klicken Sie auf ●.

Sollten Sie dagegen mit einer Änderung nicht einverstanden sein, klicken Sie stattdessen einfach auf ●.

6 Haben Sie auf diese Weise alle vorgeschlagenen Änderungen akzeptiert oder verworfen, erscheint eine entsprechende Meldung, die Sie nur noch per Klick auf ● zur Kenntnis zu nehmen brauchen.

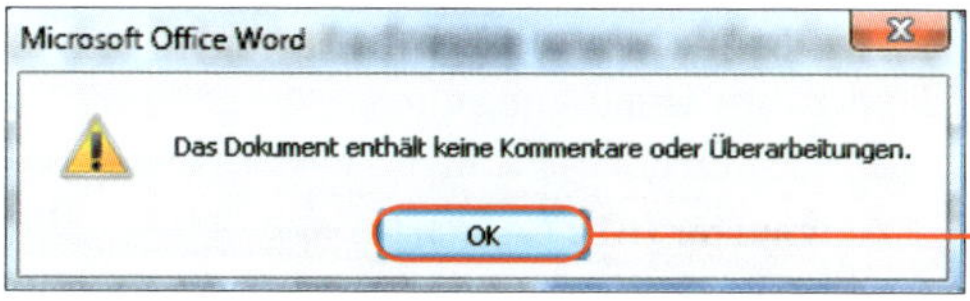

Texte kommentieren

Wenn Sie einen Text als Papierausdruck vorliegen haben, können Sie bei einer Überarbeitung Fragen oder Anmerkungen an den Rand schreiben. Bei einem Word-Dokument nutzen Sie dazu die Kommentar-Funktion.

1 Um einen Kommentar in einen Text einzufügen, klicken Sie in der Multifunktionsleiste als Erstes auf den Registerreiter

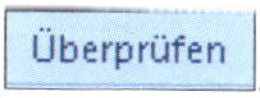

.

2 Positionieren Sie dann die Einfügemarke an der Stelle, an der Sie eine Anmerkung machen wollen, und klicken Sie anschließend auf das Symbol ●.

3 Wie Textüberarbeitungen im vorigen Abschnitt können Sie sich auch

Kommentare auf zwei Arten anzeigen lassen. Haben Sie die Sprechblasen-Variante gewählt (siehe Schritt 3 auf Seite 112), wird die kommentierte Stelle optisch hervorgehoben, und ein Strich führt an den Rand des Dokuments

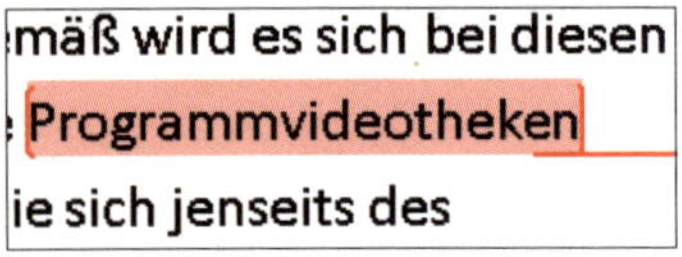

hin zu einer Sprechblase, die auch gleich die Einfügemarke enthält: ●.

4 Tippen Sie jetzt einfach Ihre Frage oder Ihre Anmerkung ein,

und klicken Sie danach an eine beliebige Stelle außerhalb des Kommentarfeldes.

5 Jeder Bearbeiter des Textes kann diese Kommentare künftig lesen. Per Klicks auf die Symbole ●

können Sie zwischen den Kommentaren hin- und herwechseln. Damit ein Kommentar bei Bedarf gelöscht wird, klicken Sie auf ●.

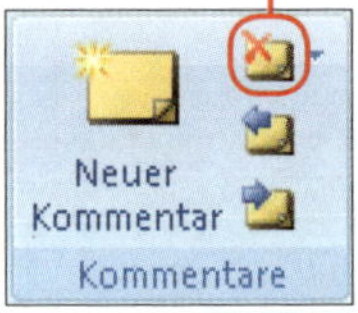

Alternativ dazu klicken Sie mit der rechten (!) Maustaste in den Kommentar und wählen im dann geöffneten Kontextmenü den Eintrag

.

Word-Dateien für die Weitergabe vorbereiten

Ein Dokument kann Informationen enthalten, die Sie nicht unbedingt weitergeben möchten. So ist es beispielsweise nicht immer sinnvoll, dass jeder sehen kann, von wem das Dokument bearbeitet wurde. Oder aber Sie wollen sichergehen, dass nicht etwa versehentlich noch Kommentare im Text stehen bleiben.

1 Vor der Weitergabe Ihres Dokuments können Sie ganz einfach überprüfen, ob etwa noch sensible Daten darin enthalten sind. Klicken Sie dazu als Erstes auf das Office-Symbol

,

danach auf

und schließlich in der seitlich erscheinenden Auswahl auf ●.

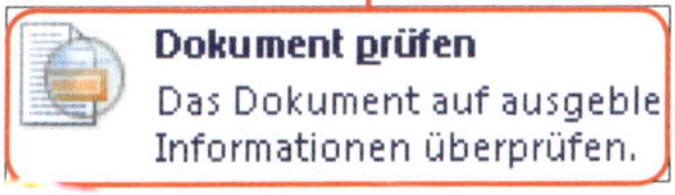

2 Im Fenster, das daraufhin angezeigt wird, ist aufgelistet, welche Prüfungen durchgeführt werden können.

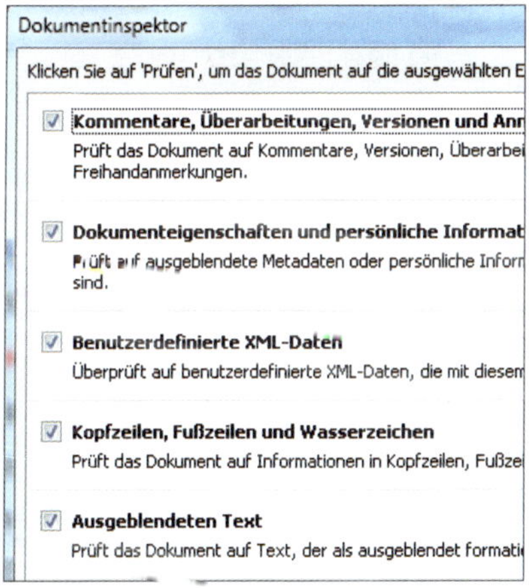

Es spricht nichts dagegen, alle Auswahlhaken in den Kästchen stehen zu lassen und gleich auf

zu klicken.

3 Das Dokument wird daraufhin untersucht. Falls Word sensible Daten gefunden haben sollte, erkennen Sie dies am Ausrufezeichen: ●.

Im Beispiel-Dokument sind also noch Kommentare oder Überarbeitungen enthalten. Wollen Sie diese Bearbeitungen löschen, brauchen Sie nur rechts neben dem Warnhinweis auf

zu klicken.

Wenn Word hinsichtlich eines Prüf-Kriteriums nicht fündig wurde, erkennen Sie das an dem Symbol ●.

Im Beispiel-Dokument ist also kein ausgeblendeter Text enthalten.

4 Abschließend können Sie Ihr Dokument mit einem Mausklick auf

einer weiteren Prüfung unterziehen. Zum Verlassen des Prüffensters klicken Sie einfach auf

5 Sie können zu jedem Dokument vielerlei Informationen speichern, beispielsweise wer es geschrieben hat oder worum es in dem Text geht. Wenn Sie diese Informationen vor der Weitergabe des Dokuments erfassen wollen, wiederholen Sie Schritt 1 dieser Anleitung, klicken in der geöffneten Vorbereiten-Auswahl aber auf ●.

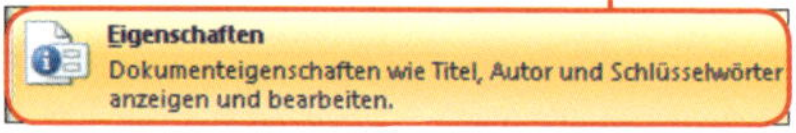

6 Daraufhin werden viele Datenfelder sichtbar, die Sie nach Bedarf ausfüllen können oder nicht. So lässt sich zum Beispiel im Feld ● der Name des Verfassers einsetzen.

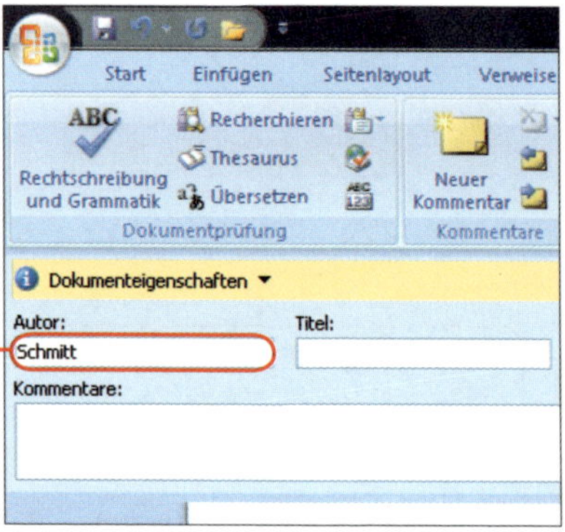

Damit die Dokumenteigenschaften wieder ausgeblendet werden, reicht ein Mausklick auf ●.

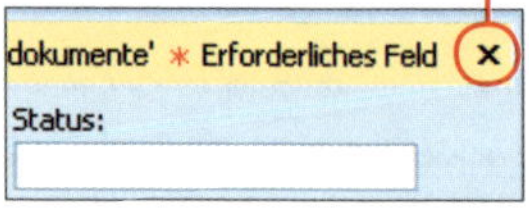

Ein Dokument vor unbefugtem Zugriff schützen

Nicht jeder Text ist für jedermann gedacht. Um zu verhindern, dass ein Unbefugter Ihr Dokument öffnet, können Sie es verschlüsseln.

1 Wenn Sie ein Dokument vor unbefugtem Zugriff schützen möchten, klicken Sie als Erstes wieder auf

,

danach auf

und schließlich in der geöffneten Auswahl auf ●.

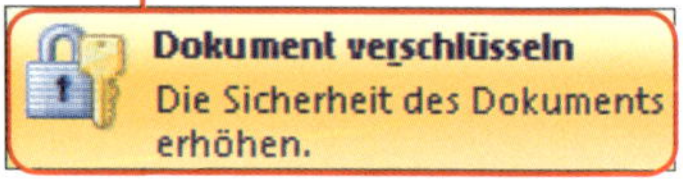

2 Im Fenster, das daraufhin angezeigt wird, tippen Sie ein Passwort beziehungsweise Kennwort Ihrer Wahl ein und klicken dann auf die Schaltfläche ●.

3 Aus Sicherheitsgründen müssen Sie die Kennworteingabe dann noch einmal wiederholen: ●. Beachten Sie dabei auch, dass zwischen Groß- und Kleinschreibung unterschieden wird! Klicken Sie danach wieder auf ●.

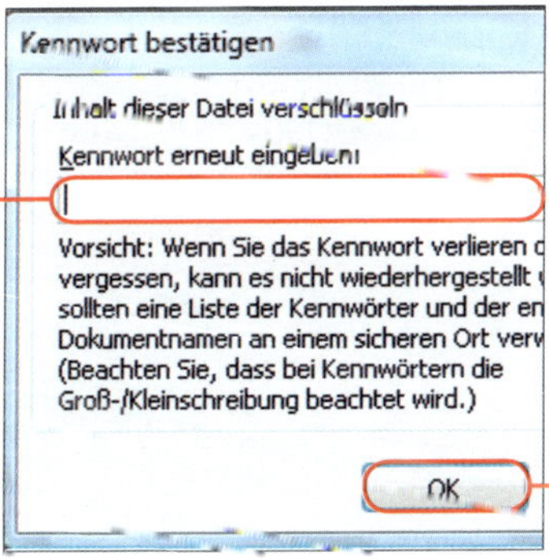

Dann können Sie das Dokument ganz normal speichern und schließen.

4 Wenn Sie künftig dieses Dokument öffnen möchten, erscheint ein Dialogfenster. Dort müssen Sie dann das Passwort eintippen ● und mit einem Mausklick auf die Schaltfläche ●

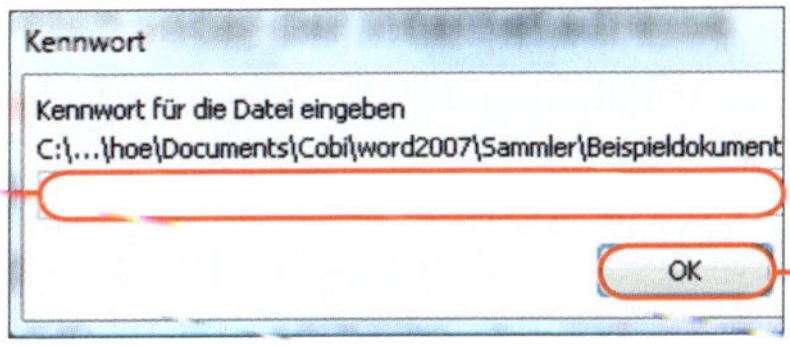

bestätigen. Erst danach wird das Dokument auch tatsächlich angezeigt.

5 Sollte nun ein Unbefugter versuchen, das Dokument zu öffnen, und dabei ein falsches Passwort eintippen, bleibt das Dokument geschlossen. Lediglich eine Fehlermeldung ist zu sehen: ●.

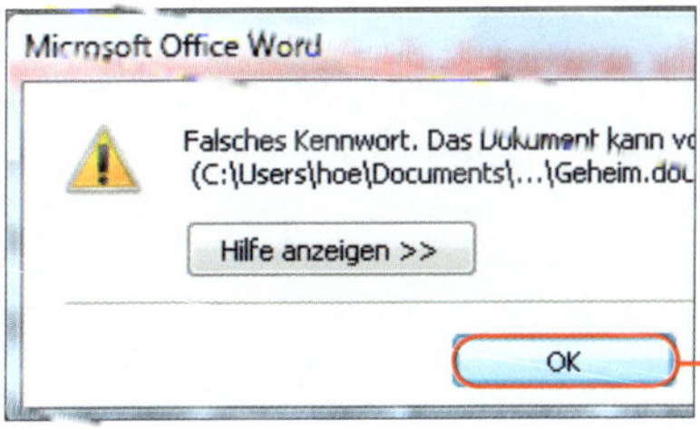

9 Dokumente ausdrucken

Word-Dokumente können Sie natürlich auf elektronischem Wege weitergeben. Entweder Sie verschicken Ihre Texte als E-Mail-Anhang, oder Sie speichern sie auf einem externen Medium wie einer CD-ROM oder einem USB-Stift. Wie Sie im vorigen Kapitel gesehen haben, braucht der Empfänger noch nicht einmal Word auf seinem Rechner installiert zu haben - dann nämlich, wenn Sie ein Dokument im **PDF**-Format weitergeben.

Trotz dieser papierlosen Verbreitungsmöglichkeiten benötigen Sie Texte auch weiterhin oft genug als Ausdruck. Etwa wenn Sie einen Brief an jemand schicken, der keinen Computer hat, wenn Sie nur mal eben eine Notiz an Ihrer Bürotür anbringen wollen oder auch wenn Sie längere Texte bequemer Korrektur lesen wollen, was am Bildschirm wesentlich anstrengender ist als am Blatt.

Im neunten Kapitel dieses Buches erfahren Sie,

- wie Sie sich am Bildschirm schon einen Eindruck verschaffen, wie Ihr Dokument ausgedruckt aussehen wird,
- wie Sie in dieser Vorschau-Ansicht noch letzte Korrekturen vornehmen können,
- wie Sie bequem die Seitenzahl Ihres Dokuments verringern,
- wie Sie einen Drucker auswählen, wenn Sie mehrere angeschlossen haben,
- und wie Sie den Druckbereich, die Anzahl der Ausdrucke und Ähnliches festlegen.

Kapitel-Wegweiser

Die Druckvorschau nutzen

Bevor Sie ein Dokument ausdrucken, können Sie es sich in einer Vorschau ansehen. In dieser Ansicht haben Sie sogar die Möglichkeit, letzte Änderungen vorzunehmen

1 Um sich einen ersten Eindruck von Ihrem gedruckten Dokument zu verschaffen, klicken Sie zunächst auf das Office-Symbol

,

führen den Mauszeiger über

und klicken in der dann geöffneten Auswahl auf .

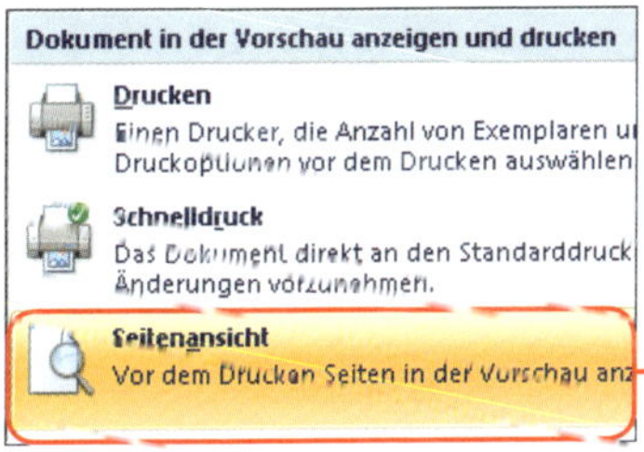

2 Daraufhin wird die erste Seite Ihres Dokuments in der Druckvorschau komplett angezeigt.

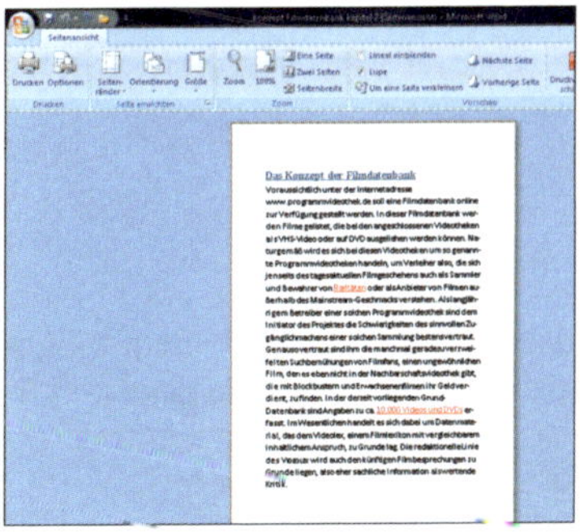

Mit Mausklicks auf die beiden Symbole

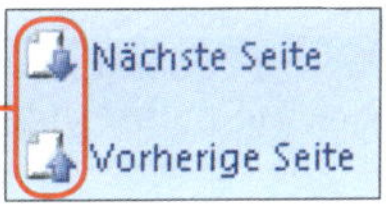

können Sie sich die jeweils folgenden Seiten ansehen oder auch wieder zurückblättern.

3 Es ist sehr benutzerfreundlich, dass Ihnen einige wichtige Seitengestaltungselemente sogar noch direkt in der Druckvorschau zur Verfügung stehen. So können Sie hier die Seitenränder verändern , sich zwischen Hoch-und Querformat entscheiden

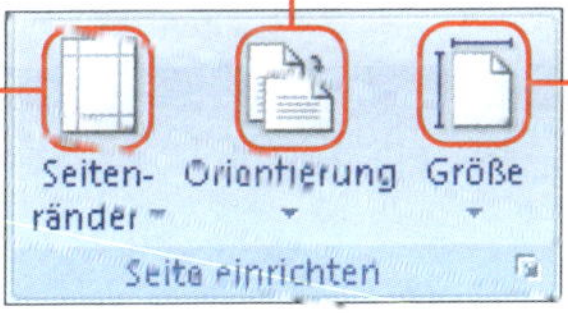

oder auch die Seitengröße anpassen .

4 Selbst die Darstellungsweise des Dokuments lässt sich in der Druckvorschau verändern. Wenn Sie auf ●

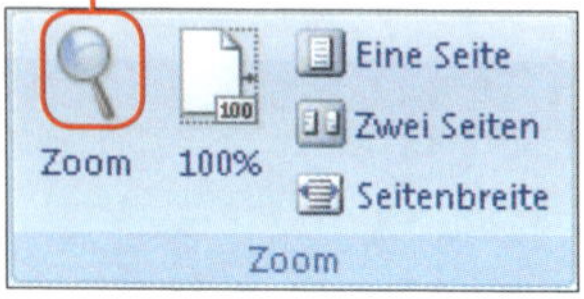

klicken und danach mit einem weiteren Mausklick einen Punkt in den Kreis ●

setzen, haben Sie mehrere Möglichkeiten.

5 Damit zum Beispiel ein vierseitiges Dokument komplett angezeigt wird, klicken Sie jetzt auf ● sowie auf ●

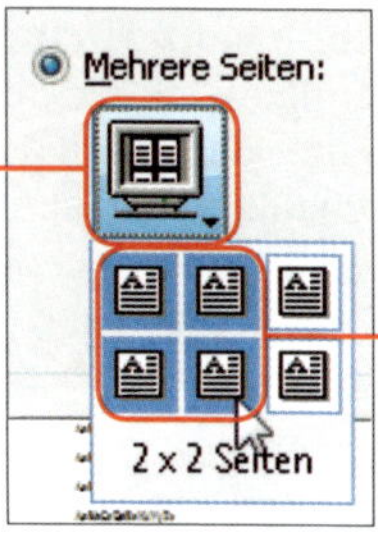

und zur Bestätigung auf

.

Umgehend sehen Sie das Ergebnis.

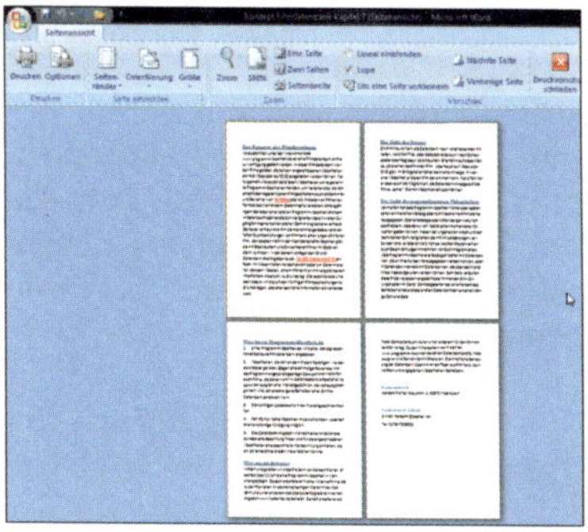

6 Besonders praktisch ist, dass Sie in der Druckvorschau den Umfang eines Dokuments auf Wunsch bequem um eine Seite verringern können. Klicken Sie einfach auf

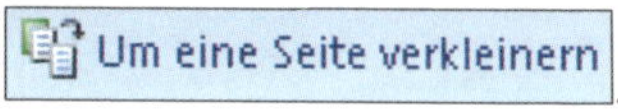

.

In der Vorschau sehen Sie sofort, dass das Beispieldokument jetzt auf drei Seiten verdichtet wurde.

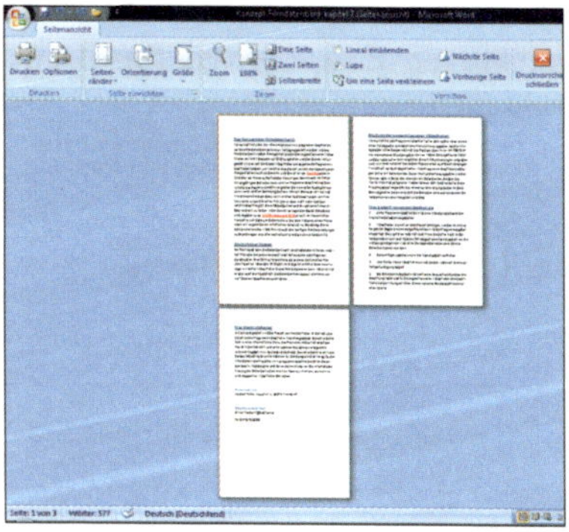

Word hat einfach alle Schriften und Zeilenabstände minimal verringert. Die Proportionen sind aber erhalten geblieben.

7 Hat der Mauszeiger in der Druckvorschau die Form einer Lupe,

können Sie Ihren Text nicht bearbeiten. Klicken Sie dann nämlich an eine Stelle Ihres Dokuments, wird Ihnen eben diese Stelle lediglich größer angezeigt. Wenn Sie daher noch etwas in Ihrem Text ändern möchten, klicken Sie in das Kästchen ●,

um den Haken zu entfernen. Anschließend können Sie ganz normal mit einem Mausklick die Einfügemarke positionieren ●

und beispielsweise zusätzlichen Text schreiben: ●.

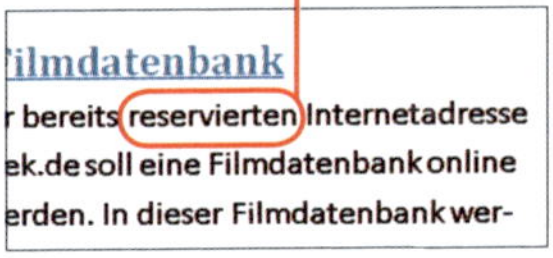

8 Direkt aus der Vorschau-Ansicht heraus können Sie den Druck auch starten. Klicken Sie dazu einfach auf das Symbol

.

Wenn Sie das noch nicht möchten, verlassen Sie die Druckvorschau per Klick auf das Schließkreuz ●.

Druckeinstellungen vornehmen

Word bietet Ihnen viele Möglichkeiten, um die Druckausgabe zu steuern. Und so nehmen Sie die wichtigsten Druckeinstellungen vor:

1 Damit Sie Zugriff auf das benötigte Fenster bekommen, klicken Sie zuerst auf das Office-Symbol

,

danach auf ●

und in der geöffneten Auswahl schließlich auf ●.

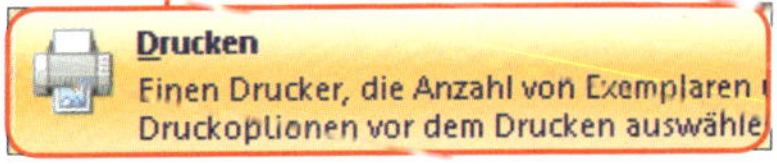

2 Nun können Sie die Druckeinstellungen wunschgemäß vornehmen. Falls mehrere Drucker an Ihren Rechner angeschlossen sind, können Sie im Auswahlfeld oben links ●

festlegen, welchen Sie benutzen möchten.

3 Standardmäßig wird Ihr Dokument komplett ausgedruckt. Alternativ besteht aber auch die Möglichkeit, den Ausdruck zu beschränken - entweder nur auf die Seite, die gerade die Einfügemarke enthält ●, auf zuvor markierten Text ● oder auf bestimmte Seiten ●.

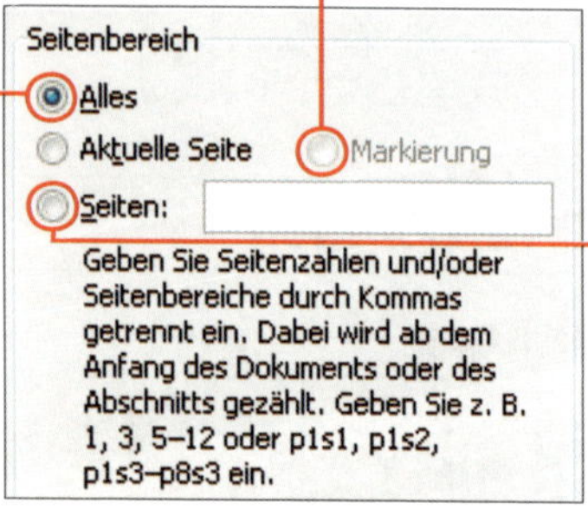

Wie üblich aktivieren Sie die gewünschte Option, indem Sie dort mit einem Mausklick einen Punkt in den Kreis setzen.

4 Selbstverständlich können Sie auch gleich mehrere Exemplare Ihres Dokuments ausdrucken. Wie viele es sein sollen, bestimmen Sie im Feld ●.

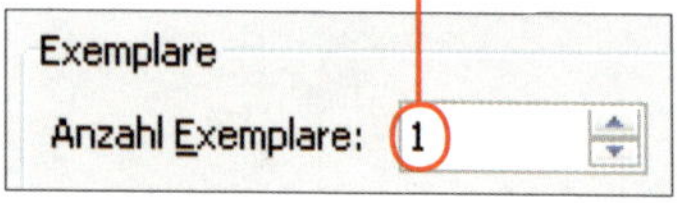

Dabei können Sie, sofern es sich um mehrere Exemplare eines mehrseitigen Dokuments handelt, die Reihenfolge selbst festlegen. Wenn Sie den Haken im Feld ●

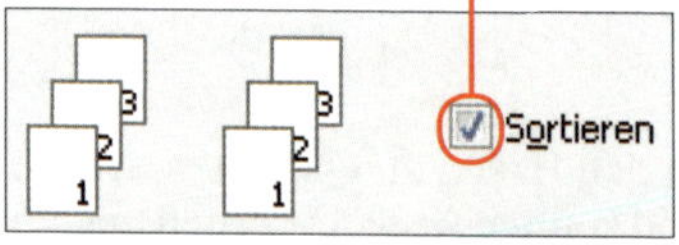

stehen lassen, werden die Seiten sortiert ausgegeben. Das bedeutet, zunächst wird das erste Exemplar komplett ausgedruckt, dann das zweite und so weiter.

Fix drucken mit Standardeinstellungen

Sollten Sie beim Druck keine besonderen Wünsche haben, können Sie ein Dokument natürlich auch ohne Umweg über das Einstellungsfenster ausdrucken. Wiederholen Sie dazu einfach Schritt 1 dieser Anleitung, klicken Sie in der seitlich erscheinenden Auswahl jedoch auf ●.

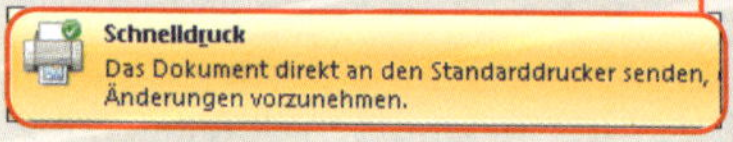

Daraufhin wird Ihr Text komplett in einer Ausfertigung an Ihrem Standarddrucker ausgegeben.

Entfernen Sie hingegen das Häkchen per Mausklick wie in der Abbildung ●,

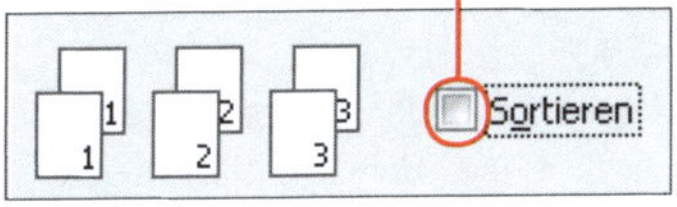

wird zuerst die erste Seite mehrfach ausgedruckt, dann die zweite und so weiter.

5 Um Papier zu sparen, können Sie auch mehrere Seiten auf einem Blatt ausdrucken. Wie viele Seiten auf das Blatt passen sollen, legen Sie im Feld ●

fest.

6 Wenn Sie alle Einstellungen ganz nach Wunsch vorgenommen haben, starten Sie den Druckvorgang mit einem Mausklick auf die Schaltfläche

.

Was ist eigentlich ...?

Absatzformatierung
Unter Absatzformatierung versteht man die optische Gestaltung eines ganzen Absatzes. Absätze sind durch Absatzschaltungen, die durch Drücken der ↵-Taste erzeugt werden, getrennt.

Aufgabenleiste
Die Aufgabenleiste wird häufig auch als Taskleiste (engl. „task“ = Aufgabe) bezeichnet. Dabei handelt es sich um die Leiste am unteren Bildschirmrand.

Betriebsprogramm
Um überhaupt mit einem Rechner arbeiten zu können, benötigen Sie ein Betriebsprogramm (ein anderer Ausdruck für Betriebsprogramm ist Betriebssystem). Bei Privatanwendern sind Windows-Programme von Microsoft mit Abstand am weitesten verbreitet. Das aktuellste Programm aus der Windows-Familie ist Windows Vista.

Bildlaufleiste
Bildlaufleisten erscheinen bei Windows-Programmen meist am unteren und rechten Rand des Programmfensters. Sie ermöglichen es Ihnen, Inhalte anzusehen, die aufgrund ihrer Größe nicht komplett auf dem Bildschirm angezeigt werden können.

Was ist eigentlich ...?

Datei
Alle Daten, mit denen Ihr Rechner arbeitet, sind in sogenannten Dateien erfasst. So bestehen Programme oft aus Tausenden Dateien. Wenn Sie mit Word arbeiten, speichern auch Sie Ihre Texte in Dateien. In diesem Fall spricht man auch von Dokumenten.

Dokument
Dateien, die Sie mit Word anlegen, werden auch Dokumente genannt.

Doppelklick
Ein Doppelklick bedeutet nichts anderes, als dass Sie zweimal ganz kurz hintereinander die linke Maustaste drücken.

Einfügemarke
Die Einfügemarke ist meist als senkrechter blinkender Strich zu erkennen. Sie gibt an, an welcher Stelle Ihre nächste Eingabe erfolgt. Sie können die Einfügemarke am einfachsten per Mausklick in einem Dokument positionieren.

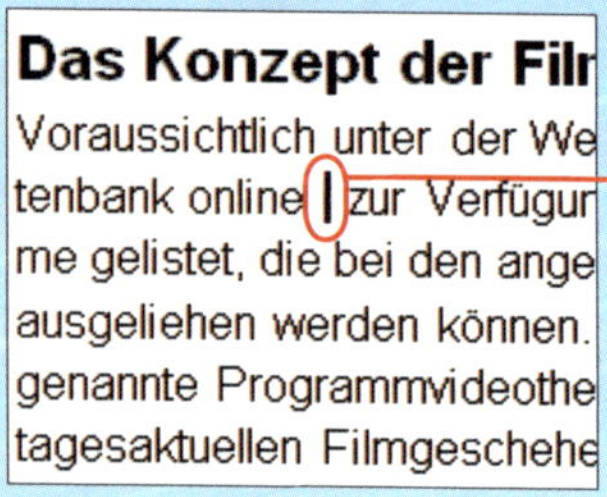

Was ist eigentlich ...?

Excel
Bei Excel handelt es sich um ein sogenanntes Tabellenkalkulationsprogramm, das normalerweise Bestandteil eines Microsoft Office Pakets ist. Damit können Sie ausführliche Berechnungen durchführen und Daten verwalten.

Formatierung
Die Gestaltung von Zeichen, Absätzen und auch ganzen Dokumenten bezeichnet man als Formatierung.

Installation
Damit Sie mit einem Programm arbeiten können, muss es erst auf Ihrem Computer eingerichtet werden. Dieser Vorgang heißt Installation.

Kapitälchen
Werden alle Buchstaben in einem Wort groß geschrieben, spricht man von Versalschrift, beispielsweise COMPUTERBILD. Ist dabei der erste Buchstabe etwas größer als die restlichen, spricht man von Kapitälchen, also beispielsweise ComputerBild.

Markierung
Mit einer Markierung legen Sie fest, worauf die nächste Aktion, die Sie durchführen wollen, angewendet werden soll. So können Sie beispielsweise ein Textstück markieren und dann eine Formatierungstechnik anwenden.

Was ist eigentlich ...?

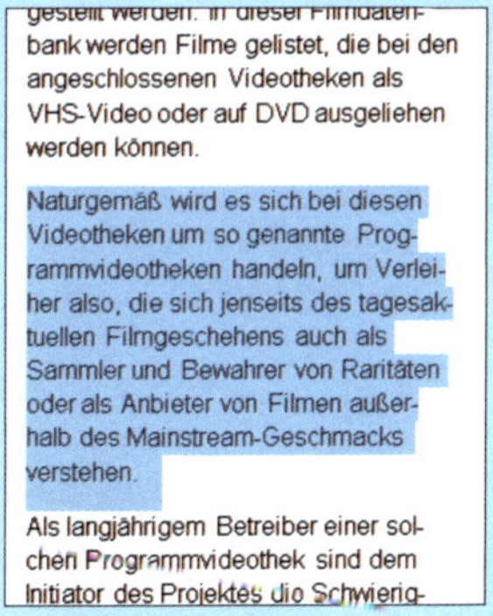
gestellt werden. In dieser Filmdatenbank werden Filme gelistet, die bei den angeschlossenen Videotheken als VHS-Video oder auf DVD ausgeliehen werden können.

Naturgemäß wird es sich bei diesen Videotheken um so genannte Programmvideotheken handeln, um Verleiher also, die sich jenseits des tagesaktuellen Filmgeschehens auch als Sammler und Bewahrer von Raritäten oder als Anbieter von Filmen außerhalb des Mainstream-Geschmacks verstehen.

Als langjährigem Betreiber einer solchen Programmvideothek sind dem Initiator des Projektes die Schwierig-

Multifunktionsleiste
Über die Multifunktionsleiste am oberen Rand des Word-Programmfensters erreichen Sie alle Befehle und Einstellungen. Die Multifunktionsleiste ist in Form eines Registers aufgebaut. Durch Klicks auf die jeweiligen Registerreiter können Sie zwischen den einzelnen Registern wechseln.

Online
Sind Sie mit dem Internet verbunden, sind Sie online. Ist dies nicht der Fall, sind Sie offline.

Ordner
Auf Ihrem Rechner befinden sich Zigtausende Dateien. Damit Sie sich in

Was ist eigentlich ...?

diesem Wust zurechtfinden, werden Dateien in Ordnern zusammengefasst. Am besten gewöhnen Sie sich an, Ihre Texte in Ihrem Dokumente-Ordner zu speichern, der unter Windows Vista automatisch auf Ihrem Rechner eingerichtet ist.

PDF

PDF ist eine Abkürzung für „**P**ortable **D**ocument **F**ormat" (übertragbares Dokumenten-Format). In diesem Format gespeicherte Dateien können mit dem Adobe Reader gelesen werden, der für praktisch alle wichtigen Betriebsprogramme erhältlich ist.

Tastenkombination

Viele Befehle in Word können Sie nicht nur per Maus, sondern auch durch gleichzeitiges Drücken von zwei und mehr Tasten erteilen. Die Verwendung von Tastenkombinationen hat den Vorteil, dass Sie die Finger auf der Tastatur lassen können und nicht extra zur Maus greifen müssen. Mit etwas

Was ist eigentlich ...?

Übung können Sie daher viel flotter arbeiten.

Rechtsklick

Rechtsklick bedeutet ein kurzes Drücken der rechten Maustaste.

Zelle

Die Kästchen, aus denen sich eine Tabelle zusammensetzt, bezeichnet man als Zellen.

Ziehen

Beim Ziehen handelt es sich um eine spezielle Maustechnik. Dabei halten Sie die Maustaste gedrückt, während Sie den Zeiger bewegen.

Zwischenablage

Bei der Zwischenablage handelt es sich um einen temporären Speicher. Sie eignet sich vorzüglich, um beispielsweise Textstücke innerhalb eines Dokuments, zwischen zwei Dokumenten oder sogar zwischen verschiedenen Programmen auszutauschen.

Stichwortverzeichnis

Besuchen Sie uns im Internet:
www.ulllsein-taschenbuch.de

Originalausgabe im Ullstein Taschenbuch

E-Mail: buecher@computerbild.de
Umschlagkonzept: Buch und Werbung GmbH, Berlin
Umschlaggestaltung: Gabriele Krüger/BuW, Berlin
Titelabbildung: Mauritius
Satz und Repro: LVD GmbH, Berlin
Druck und Weiterverarbeitung: Ebner & Spiegel GmbH, Ulm
Printed in Germany
ISBN 978-3-548-41246-7